스포츠영양

핵심질문 26

스포츠영양 핵심질문 26

최신 운동과학으로 이해하기

Sports Nutrition Essentials: Scientific Answers to Common Questions

저 자

박 현 PARK Hyon
궈자화 KUO Chia-Hua
송 욱 SONG Wook

편집 및 번역

서지원 SEO Jiwon
루피아 듀이 Luthfia DEWI
앤드루 니콜스 Andrew NICHOLLS

BIO BIOSCIENCE (주)바이오사이언스출판

스포츠영양 핵심질문 26

최신 운동과학으로 이해하기

초판 인쇄: 2026년 3월 3일
초판 발행: 2026년 3월 10일
저　자: 박 현 • 귀자화 • 송 욱
발행인: 문정구
발행처: (주)바이오사이언스출판
본　사: 10860 경기도 파주시 탄현면 국화향길 10-56, 1동
서울사무소: 06569 서울특별시 서초구 도구로 115, 3층(방배동)
전　화: (02)581-4057~8
팩　스: (02)581-4059
이메일: biosciencepub11@hanmail.net
홈페이지: http://www.biobooks.co.kr
ISBN: 978-89-6824-186-4 (93690)
등록번호: 제22-3079호

값 20,000원

(주)바이오사이언스출판

저 자 Authors

박 현 PARK Hyon, Ph.D.
degree at The University of Texas at Austin
Emeritus Professor at Kyung Hee University

궈자화 KUO Chia-Hua, Ph.D.
degree at The University of Texas at Austin
Professor at The Education University of Hong Kong and University of Taipei

송 욱 SONG Wook, Ph.D.
degree at Texas A&M University
Professor at Seoul National University

편집 및 번역 Edited and Translated by

서지원 SEO Jiwon Ph.D. Candidate
Seoul National University

루피아 듀이 Dr. Luthfia DEWI
Universitas Muhammadiyah Semarang; Indonesian Sport Nutritionist Association

앤드루 니콜스 Dr. Andrew NICHOLLS
University of Taipei; Taiwan Society for Sports Nutrition

머리말

신체 활동과 식이가 운동수행능력, 신체조성(체지방 상태와 근육량), 그리고 건강 전반 및 노화에 미치는 영향을 연구하고 그 결과를 현장에 적절히 적용하는 것이 운동영양학 또는 스포츠영양학으로 불리는 학문의 핵심 주제이자 목표다. 이 책을 구성하는 26개의 챕터는 그 중 가장 빈번히 제기되는 질문과 이에 대한 답변의 형식으로 이루어져 있다.

운동과 영양에 대한 대중적 관심이 한껏 높아지는 현 시점에서 볼 때 다양한 매체에 넘쳐나는 상업적 정보와 사적 견해는 주관적이거나 관찰 코호트연구에 기반하는 경우가 대부분이어서, 인과관계에 대한 과학적 정확성이 부족한 경우가 많다고 판단된다. 이 책에서 제시하는 답변은 편향 없는 과학적 인과관계를 근거중심으로 서술하고자 했다. 이 과정에서 무작위 대조 실험(RCT)이 포함된 메타분석을 과학적 근거의 중심에 두었다. 신체조성에 관해서는 DXA나 MRI 등 영상평가도구를 사용한 연구로 제한하여 고려했으며, 질문과 관련되어 신뢰할만한 중재연구가 부족한 경우에는 관찰 코호트연구의 결과가 무작위 동물 중재연구의 결과와 일치하는지 살폈다. 또한 산화스트레스, 후생유전학적 요인, 종양, 텔로미어 길이 등과 관련한 많은 분자생물학적 지표들에 대해서는 생활습관 중재의 결과들과 인과관계가 있지만 답변의 중심 근거로 삼는 것은 지양하였다. 이는 대부분의 종속 결과들이 전 생애주기라는 측면에서 볼 때 신체 크기(주로 체중)의 유지와 상호 보상관계를 나타내고 있어서 생애 마지막 분기에는 충분한 설명력을 갖지 못한다고 판단했기 때문이다.

이상과 같은 나름 엄격한 기준이 이 책에서 제시되는 답변들의 편향성을 최소화해서 강력히 신뢰할 수 있는 정보를 제공하고자 하는 저자들의 저술 목표를 가능케 했다고 믿는다. 이 책은 교과서 수준의 과학적 객관성을 담보하는 데 중점을 두고 있지만, 운동과 영양관리에 관심을 둔 일반인은 물론 운동선수 및 지도자나 관련 전공 학생들에게 쉽게 읽히면서도 실질적인 도움을 줄 수 있도록 했다.

이 책을 처음 구상하고 틀을 제시했으며 오랜 친구인 Dr. Kuo Chia-Hua와 가장 신뢰하는 연구자이자 후배인 송욱 교수에게 깊은 감사와 존경을 표한다. 아울러 각종 번역과 편집을 통해서 이 책을 보다 멋지게 가꿔준 서지원 선생, Dr. Luthfia Dewi, Dr. Andrew Nicholls 에게도 큰 고마움을 전한다.

2026년 2월

저자 **박 현**

Contents

BODYJAM

01 젊음을 유지하기 위한 스포츠영양의 주요 전략

THE GRAND STRATEGY OF SPORTS NUTRITION TO MAINTAIN YOUTHFULNESS

주요 내용

- 젊음은 인체의 평균 세포 나이에 의해 결정되며, 이는 운동과 영양에 의해 영향을 받을 수 있음.
- 인간은 노화된 세포를 제거하고 새로운 세포를 재생하는 고유한 기전을 가지고 있으며, 이를 위해서는 골수 유래 줄기세포가 필요함.
- 뼈는 줄기세포를 생성하는 기관으로, 뼈 비율이 상대적으로 높을 때 세포 재생이 유지될 수 있음.
- 노화는 성장으로 인한 뼈 비율 감소와 관련이 있음.
- 고강도 운동은 골수 줄기세포를 새로운 세포를 재구성하기 위한 영양소가 필요한 노화된 조직으로 동원시킴.
- 운동으로 인한 염증 반응이 사라지면 성장 촉진 보충제 복용은 중단해야 함.

요약

급변하는 환경 속에서 인체 대부분의 세포는 빠르게 노화한다. 이러한 조건에서 생존하기 위해, 노화세포를 제거하고 새로운 세포를 재생시켜 효율적으로 회복하는 고유한 기전이 필수적이다. 스트레스와 세포 크기의 확장은 세포 노화의 주요 원인이며, 이는 자동적으로 동일한 양의 세포 재생을 유도한다. 이 기전은 "염증"으로 불리며, 발적, 부기, 열감, 통증, 기능 상실 등의 특징을 가진다. 염증은 골수에서 생성된 줄기세포의 지속적인 공급을 필요로 한다. 골수 줄기세포는 면역세포 및 특수화된 줄기세포(근육, 신경, 지방세포, 모세혈관 및 뼈 발달을 위한 전구체)로 분화할 수 있는 잠재력을 가지고 있다. 면역세포는 노화세포를 인식하고 제거하는 기능을 수행하며, 조직 줄기세포는 손상된 부위로 이동하여 손상된 조직을 다시 증식시킨다. 두 종류의 세포는 협력하여 조직의 젊음을 유지하는 데 기여한다. 고강도 운동은 노화세포 제거와 세포 재생을 위해 골수 줄기세포를 혈액으로 동원하고 손상 부위로 이동시킬 수 있다(1). 이는 고강도 운동의 항노화 효과를 설명한다.

왜 우리는 치유할 수 있는 고유한 능력이 있음에도 불구하고 노화하는가? 가장 근접한 설명은 생애 첫 3분기 동안 체중 증가로 인한 뼈 비율(체중 대비 상대적인 뼈질량)이 감소하는 것이다(2). 이는 나이가 들어감에 따라 절대적인 뼈질량이 감소한다는 의미는 아니다.

사실, 뼈질량은 인생의 첫 3분기 동안 증가한다(2). 뼈는 조직의 젊음을 유지하는 역할을 하는 줄기세포 생산 기관으로 간주되어야 한다. 그러나 젊은 조직(낮은 정도의 노화, low senescence)은 영양소를 더욱 효율적으로 추출하여 노화된 조직(높은 정도의 노화, high senescence)보다 빠르게 성장한다. 이는 필연적으로 크기 확장에 의한 뼈 비율의 불균형을 초래한다. 이러한 성장 의존적 비대칭은 성장하는 인체에서 노화세포의 축적을 초래할 수 있으며, 이는 최대체중에 도달할 때까지 지속된다(질량 축적의 열역학적 한계를 나타냄). 최대체중은 단명하는 사람의 경우 55~65세, 장수하는 사람의 경우 60~70세에 나타난다. Lin 등의 연구에 따르면, 다세포 포유류의 수명은 체중 대비 뼈 비율과 완벽한 상관관계가 있는 것으로 나타났다. 감소된 뼈 비율은 조직 회복이 상대적으로 부족하다는 것을 상징한다(2). 따라서 젊음을 유지하기 위해서는 뼈 비율의 불균형적 변화를 방지하기 위한 핵심 전략으로 체중 안정성(세포 사멸 = 세포 생성)을 엄격하게 조절해야 한다.

영양 조절과 운동은 노화 방지를 위한 중요한 중재이다. 운동은 골수 줄기세포를 손상된 조직으로 유인하여 노화세포를 제거하고 조직 내 세포 재생을 촉진한다. 이 반응은 염증에 의해 매개된다. 세포 전환율이 잠시 증가하는 동안, 세포 재생을 위한 영양 공급에 따라 얼마나 빠르게 염증이 제거될지 결정된다. 성장 촉진 영양소가 염증이 제거되는 시점을 넘기지 않도록 세포 재생 기간 동안 즉시 제공되어야 한다는 점을 염두에 두어야 한다. 체중 증가는 뼈 비율의 불균형을 초래하는 주요 원인이다.

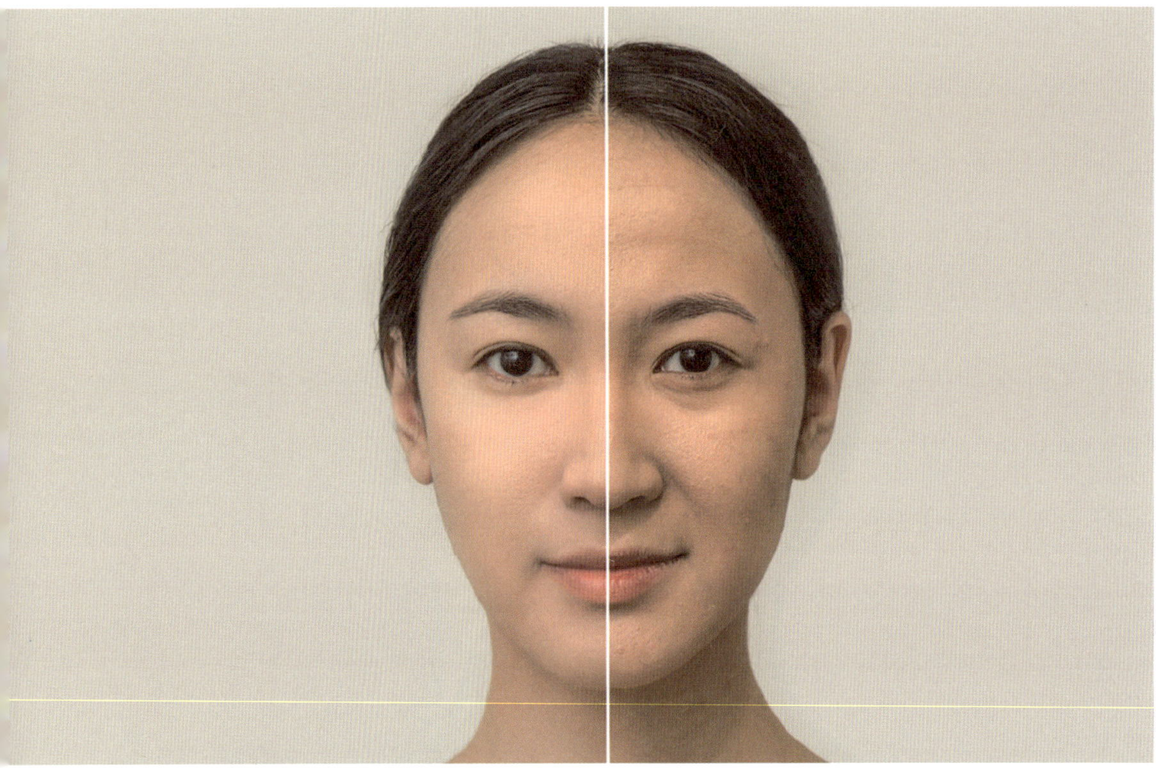

노화를 조절하는 기본 원칙은 세포 사멸과 재생의 속도를 적절히 관리하여 체중의 항상성을 유지하는 것이다. 세포 재생의 핵심은 충분한 영양 공급이며, 세포 사멸은 운동의 강도와 시간에 의해 영향을 받는다.

성장 과정에서 신체의 불균형적 변화는 뼈 비율뿐만 아니라, 동화호르몬 생성과 관련된 내분비 기관에도 영향을 미친다. 적어도 세 가지 동화 호르몬(뇌하수체에서 생성되는 성장 호르몬, 고환과 난소에서 분비되는 성호르몬, 췌장에서 생성되는 인슐린)은 뼈질량 유지와 연관되어 있다. 뇌하수체 위축은 체중 증가 시기에 발생하며, 30세 이후에는 현저히 감소한다(3). 성호르몬은 20~40세 전후에 최고조에 달하고, 그 이후 체중 증가와 함께 감소한다. 췌장의 크기는 어린 시절부터 65세까지 증가하다가 그 이후에는 감소한다(4). 인간의 최대체중은 단명하는 사람의 경우 50~60세, 장수하는 사람의 경우 60~70세에 나타난다(5). 동화 호르몬의 감소는 근육과 뇌에 이화 작용을 일으켜 줄기세포로부터 더 많은 핵 기증을 요구하게 되어 골수를 고갈시킨다. 이러한 상태는 노년기에 나타나는 의도하지 않은 체중 감소 및 악액질(cachexia)과 밀접하게 연관되어 있다. 체중 감소(세포 수 감소)는 포유류 다세포 시스템 붕괴의 주요 특징이다.

결론적으로, 젊음을 유지하기 위한 주요 전략에는 1) 청년기부터 안정적 체중을 유지하는 것, 2) 주기적으로 고강도 운동을 통해 인체의 노화세포 집단을 제거하는 것, 3) 적절한 영양 보충을 통해 뼈 비율의 불균형을 방지하는 것을 포함해야 한다. 이러한 실천은 다소 어려울 수 있다. 젊은 조직은 노화된 조직보다 세포 증식을 위해 더 효율적으로 영양소를 추출할 수 있으며, 이는 체중을 증가시키고 재생에 영향을 미치는 조직 간의 불균형적 변화를 촉진한다.

따라서 강한 의지와 스포츠영양에 대한 지식을 바탕으로 이 종합 전략을 실행하는 데 주의를 기울여야 한다. 세포 사멸과 재생을 조절할 수 있다면, 신체를 젊은 상태로 유지하는 것이 가능할 것이다.

체중 변화 추세와 수명과의 관계

연구진은 쥐를 수명에 따라 다섯 그룹으로 나누었다. 체중 증가 경향을 비교한 결과, 체중 증가 속도가 빠를수록 수명이 짧아지는 것으로 나타났다. 가장 장수한 그룹인 다섯 번째 그룹은 생애 첫 3분기 동안 완만한 체중 증가를 보였지만, 마지막 1분기 동안 체중이 점진적으로 감소했다.

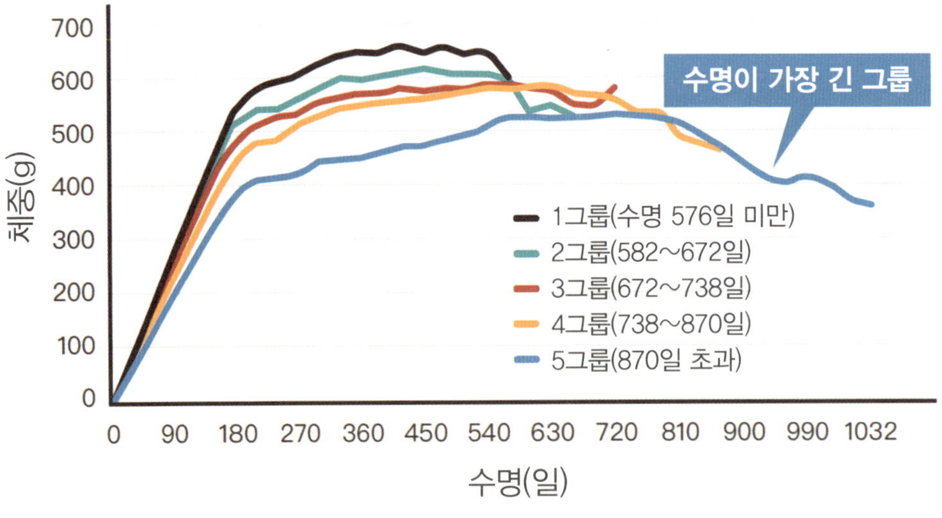

제안

1. 청년기(20~25세)부터 식이 조절을 통해 1kg 이내 범위에서 체중 안정성을 우선시한다.
2. 고강도 운동을 통해 노화세포를 제거한다.
3. 고강도 운동 직후 세포 재생을 위한 성장 촉진 식이 섭취(예: 단백질)를 제공한다.
4. 운동 피로가 회복되면 성장 촉진 식이를 줄인다.
5. 노년기 체중 감소 기간 동안, 뼈질량과 체질량의 불균형 악화를 방지하기 위해 동화 호르몬 대체요법을 고려할 수 있다.

아래 그래프는 인간의 체중 증가와 수명의 관계를 보여준다. 단명하는 사람일수록 체중이 정점에 도달하는 속도가 빠르며, 생애 후반부에는 체중 감소 속도 또한 더 빠르게 나타난다. 이 결과는 하나의 중요한 원칙을 시사한다. 즉, 세포 사멸과 세포 재생의 속도를 조절하여 체중의 항상성을 유지할 수 있다면, 노화 속도 또한 조절할 수 있다는 점이다.

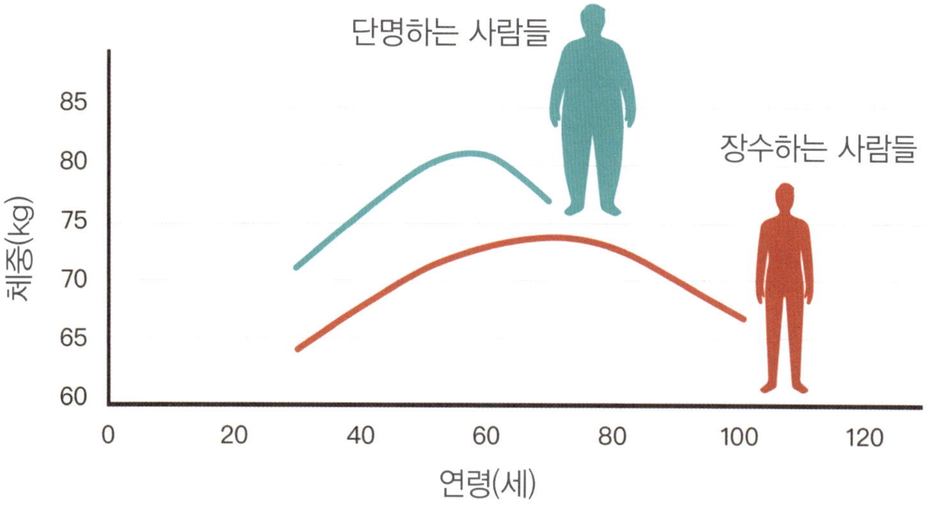

BODYPUMP

02 운동의 세놀리틱(senolytic) 효과를 얻기 위해서는 운동 강도가 핵심이다.

INTENSITY IS THE KEY FOR SENOLYTIC EFFECTS OF EXERCISE

주요 내용

- 운동은 인체 골격근에서 노화세포를 제거함(세놀리틱 효과)(6).
- 조직 재생은 급성 염증에 의해 촉진됨(따라서 면역 자원이 필요함)(7).
- 중강도 운동은 염증을 덜 일으키고, 인체 근육에서의 세놀리틱 효과는 최소임(8).
- 아미노산은 운동 후 근육 재건을 위한 세포 증식에 있어 포도당보다 더 중요함(9).

요약

적절한 운동 프로그램을 선택하는 것은 인체의 세포 노화를 줄이는 데 도움을 줄 수 있다. 평균 성인의 인체는 약 100조 개의 세포로 구성되어 있으며, 대부분의 세포는 3개월 미만의 제한된 수명을 가진다. 노화세포는 태아 발달과 청년기를 포함하여 매우 어린 나이부터 점점 더 증가하기 시작한다. 특히 고강도 운동과 저항 운동은 노

간단한 운동 강도 판별 방법

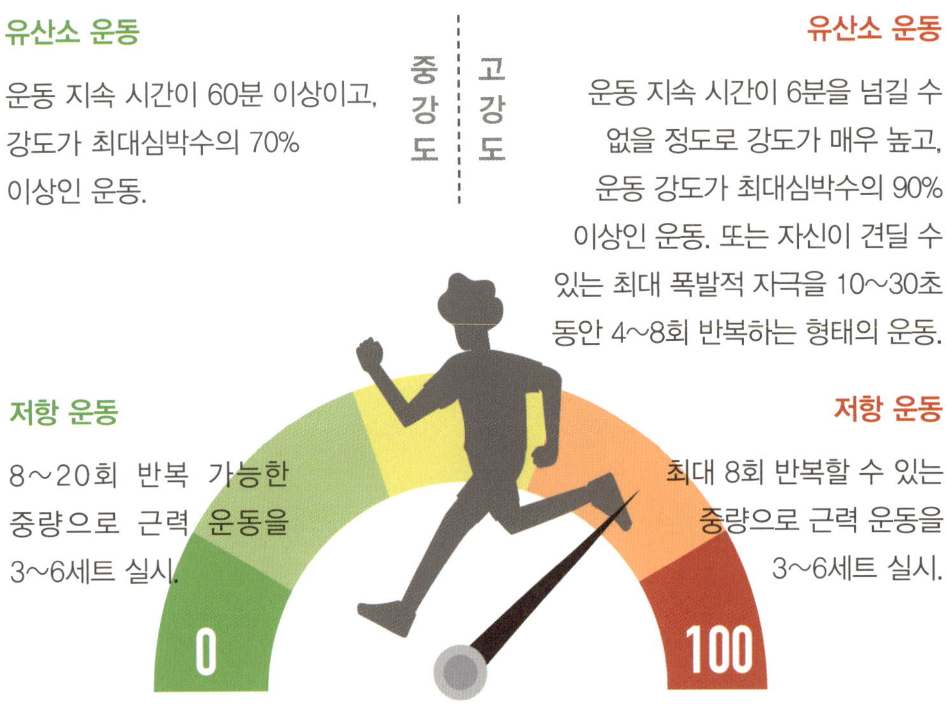

출처: 대만건강증진청 www.hpa.gov.tw/Pages/Detail.aspx?nodeid=571&pid=9739

고강도 인터벌 훈련(high intensity interval training; HIIT)

짧은 시간 동안 고강도의 폭발적인 운동을 수행하고, 운동과 휴식 주기를 반복하는 방식이다. 일반적으로 운동 대비 휴식 시간이 더 길며, 1 : 3 비율이 대표적이다. 운동 중 심박수는 최대심박수의 85~100% 범위에 이르며, HIIT의 대표적 운동으로는 버피 테스트, 푸시업, 점프 동작, 스쿼트 등이 있다.

화세포를 표적하여 제거하고 건강한 세포는 보존할 수 있다. 노화세포 제거 과정은 다윈의 자연 선택 이론과 일치한다. 흥미롭게도, 2020년에 발표된 연구에서는 중강도 운동이 인체 골격근에서 노화세포를 효과적으로 제거하기에 충분하지 않을 수 있음을 보여주었다(10).

운동으로 유도되는 근육 회복은 염증에 의해 촉진된다. 따라서 적절한 운동 강도가 있어야 그 이점을 얻을 수 있다. 2023년 Ageing 저널에 발표된 타이베이 대학교 연구에서 세놀리틱 효과에 있어 총 에너지 소모량보다 운동 강도가 더 중요하다는 것을 보여주었다(1).

염증 과정은 포식 단계와 재생 단계로 나뉜다. 짧은 '포식 단계' 동안, 근수축은 포식세포를 자극하여 자유 라디칼을 방출하게 하며, 이 자유 라디칼은 근육의 손상된 노화세포를 표적하여 제거한다. 또한 자유 라디칼은 손상 조직에 골수 줄기세포를 동원하도록 신호를 보내어 효율적인 재생을 돕는다. 긴 재생 단계는 운동 전 수준 이하로 활성산소(ROS)가 감소한 근육을 재건하기 위한 세포 증식과 분화를 포함한다.

고강도 운동 후 근육 회복 속도를 높이기 위해 DNA 합성에 필요한 영양소를 포함하여 세포 재생을 돕는 영양소를 섭취하는 것이 중요하다. 예를 들어, 아미노산과 단백질은 핵산을 만드는 데 필요한 질소를 제공하는 고유한 영양소이다. 많은 스포츠 보충제가 아미노산과 단백질을 포함하고 있는 이유이다. 이는 운동 후 염증을 빠르게 해소하기 위해 필수적이다. 운동의 종류와 강도 또한 중요한 역할을 한다.

제안

고강도 운동 방법:

1. 단거리 달리기(스프린트)와 같이 큰 근육군을 사용하는 고강도의 폭발적인 운동.
2. 가벼운 중량을 사용하여 점진적으로 강도를 높이는 느린 동작의 저항 운동.
3. 공인 트레이너와 함께하는 혈류 제한(blood flow restriction; BFR) 또는 인터벌 훈련과 같은 고급 기술.

고강도 운동에 의한 노화 세포 감소 효과

고강도 인터벌 훈련을 수행한 참여자들은, 운동 후 24시간 시점에서 근육 조직 내 세포 노화 지표가 감소하였다. 반면, 중·저강도 운동을 수행한 참여자들에게서는 세포 노화 지표의 뚜렷한 변화가 관찰되지 않았다.

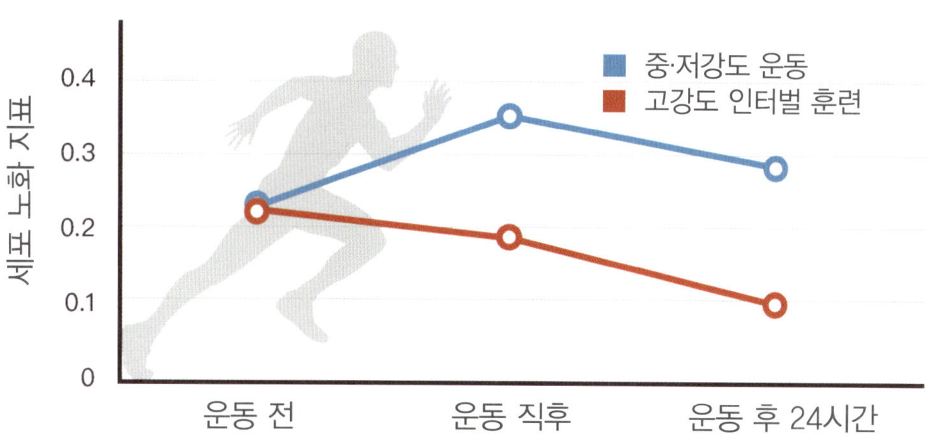

BODYCOMBAT

03 유산소 운동과 저항 운동은 다양한 대사 개선을 가져올 수 있다.

AEROBIC TRAINING AND RESISTANCE TRAINING CAN PRODUCE DIFFERENT METABOLIC OUTCOMES

주요 내용

- 저항 운동은 근육량 증가에 효과적이며 조직 재생을 위해 염증세포의 역할이 중요함.
- 유산소 운동은 체지방을 감소시키고 약간의 근육량을 증가시킴.
- 유산소 운동은 젊은 사람들의 혈당 조절과 대사 프로필을 개선하지만, 50세 이상의 성인에게는 효과가 미미함.
- 저항 운동은 근육량을 증가시키고 중년층의 대사 상태를 효과적으로 개선함.
- 대사적 이점을 최적화하기 위해 다양한 근육군을 자극하는 다양한 운동 프로그램을 선택함.

요약

저항 운동과 유산소 운동의 주된 차이는 근수축의 유형과 호흡 기계에 대한 자극의 정도에 있다. 유산소 운동은 주로 단축성(구심성) 근수축을 포함하는 반면, 저항 운동은 훨씬 강한 강도의 신장성(편심성) 근수축을 더 많이 포함한다. 또한 저항 운동은 유산소 운동에 비해 폐의 기도 상피세포에 주는 부담은 적지만, 근육 염증은 더 많이 유발하는 특징이 있다. 이는 폐에 미치는 영향은 최소화하면서 근육 조직에는 더 많은 손상을 주는 신장성 하중을 더 많이 사용하기 때문이다. 결과적으로 발생한 염증은 골수 줄기세포가 이동하여 손상된 조직을 회복하도록 신호를 보내 근육의 회복과 세포 재생을 일으키고, 폐에는 덜 영향을 미친다. 그러나 유산소 운동은 환기 중 기도 상피 내벽을 손상시키기도 하는데(11), 이를 회복하는 과정에서 줄기세포 이동을 위해 근육 조직과 경쟁하여 근육 성장의 자극을 감소시킨다.

> **저항 운동에서 근육이 신장될 때 더 많은 일시적인 근 손상과 염증 반응이 발생하며, 이러한 과정은 근육 증가에 더 효과적이다.**

글리코겐 초과보상이란?

운동 중 근글리코겐이 많이 소모될수록 근육의 인슐린 감수성이 높아져 혈당 흡수 능력이 증가한다. 운동 후 약 3일 동안 근육의 글리코겐 저장 능력은 평소의 두 배 이상으로 증가하는데, 이를 '글리코겐 초과보상 현상'이라고 한다.

골격근은 식사 후 순환에서 포도당의 85%를 흡수하기 때문에 전신 인슐린 감수성에 중요한 역할을 한다(12). 근글리코겐의 고갈은 골격근의 인슐린 감수성을 직접적으로 증가시킨다. 지구성 운동(주로 유산소)은 주로 지근섬유(type Ⅰ) 및 중간섬유(type Ⅱa)를 포함하는 근육에서 글리코겐을 고갈시킨다(13). 반면 저항 운동은 속근섬유(type

인슐린 저항성이란?

신체 조직 전반에서 인슐린에 대한 감수성이 감소하여 포도당과 아미노산과 같은 영양소의 흡수 능력이 저하되는 상태를 말한다. 이는 체중 증가와 밀접한 관련이 있다.

IIx)를 포함하는 근육을 동원하여 더 많은 글리코겐을 고갈시킨다(14). 글리코겐 고갈 후, 순환하는 포도당으로부터 더 많은 글리코겐을 저장할 수 있도록 수축하는 근육에서 글리코겐 초과회복이 발생할 수 있다. 운동을 하지 않는 근육에서는 이러한 적응이 없다(15). 글리코겐 초과회복은 전신 혈당 조절에 유익하며, 노화에 따른 인슐린 저항성을 극복하는 데 유용하다. 그러나 이러한 이점은 동원된 근육에만 국한된다. 따라서 대사 건강 및 당뇨 예방을 위해 더 많은 근육군을 동원하도록 다양한 운동 프로그램을 설계하는 것이 강력히 권장된다.

전반적으로 유산소 운동은 제2형 당뇨병 환자의 당화혈색소(HbA1c)를 감소시킨다(16). 그러나 나이는 유산소 운동의 효과에 중요한 결정 요소로 보인다. 20~87세까지의 건강한 성인을 대상으로 한 연구에서는 유산소 운동이 젊은 사람들의 인슐린 민감성을 상당히 개선할 수 있지만, 이 유익한 효과는 나이가 들수록 감소하는 것으로 나타났다. 최대심박수의 80%에서 40분씩 주 4회 운동하는 16주간의 유산소 운동 프로그램은 40세 이하의 일부 참여자에게서 인슐린 감수성이 최대 250% 개선되는 결과를 보였다. 그러나 50세 이상의 참여자 중 절반 이상은 개선이 없었고, 60세 이상의 참여자 중 절반은 유산소 운동이 인슐린 감수성에 대해 약간의 개선 효과가 제한적이었다(17).

일반적으로 50세에 이른 대부분의 정상인은 인슐린 저항성(고혈당증 및 고인슐린혈증)이 어느 정도 발생한다. 이런 사람들을 대상으로 저항 운동이 강력히 권장된다. 4개월의 저항 운동과 유산소 운동의 효과를 비교한 연구(18)에서는, 최대산소섭취량(VO_2max)의 60%(최대심박수의 약 70%)에서 주 3회, 하루 30분 동안 실시한 유산소 운동에서 최소한의 이점이 관찰된 반면, 저항 운동은 각 근육군당 6세트씩, 주 3회 실시하여 공복 혈당, 콜레스테롤, 당화혈색소, 인슐린 저항성, LDL-콜레스테롤, 혈압이 크게 개선되었다. 55세 이상의 당뇨병 환자에서 9개월간 주 3회 미만의 저항 운동은 당화혈색소를 변화시키기에는 충분하지 않았다. 그러나 주 2회의 저항 운동과 주 3회의 유산소 운동을 결합한 복합 운동은 유의한 혈당 감소 효과를 보였다(19).

58세 대사증후군 환자를 대상으로 한 무작위 대조 시험에서는 단순히 신체활동 수준(중간 정도)을 증가시키는 것만으로는 인슐린 감수성을 개선할 수 없는 것으로 나타났다 (20). 반면 주 3회의 저항 운동은 대사 건강에서 유의한 개선을 보였다.

제안

1. 젊은 성인에게는 저항 운동보다 유산소 운동을 더 권장한다.
2. 체중이 빠르게 증가하는 젊은 사람들에게는 고강도 인터벌 훈련(예: HIIT)을 적극 권장한다.
3. 임상적 증거에 의하면, 나이가 증가함에 따라 최적의 대사 건강을 유지하고 노화 관련 문제를 예방하기 위해 저항 운동의 비율을 증가시키는 것이 바람직하다.
4. 저항 운동을 수행할 때는 전문가의 도움을 받는 것을 적극 권장한다.
5. 다양한 운동 프로그램을 설계하면 더 많은 근육군을 동원하여 운동의 대사적 이점을 극대화하는 데 도움이 된다.
6. 저항 운동을 통해 근육량을 증가시키고자 하는 근감소증 노인의 경우, 운동하는 날에는 메트포르민을 인슐린으로 대체할 수 있다(제23장 참조).

고령자에게 적합한 저항 운동

50세 이상의 성인을 대상으로 한 연구에서, 4개월간의 운동 후 저항 운동을 중심으로 실시한 그룹은 다양한 대사 지표에서 유의한 개선을 보였다. 반면, 유산소 운동을 중심으로 한 그룹에서는 뚜렷한 변화가 나타나지 않았다.

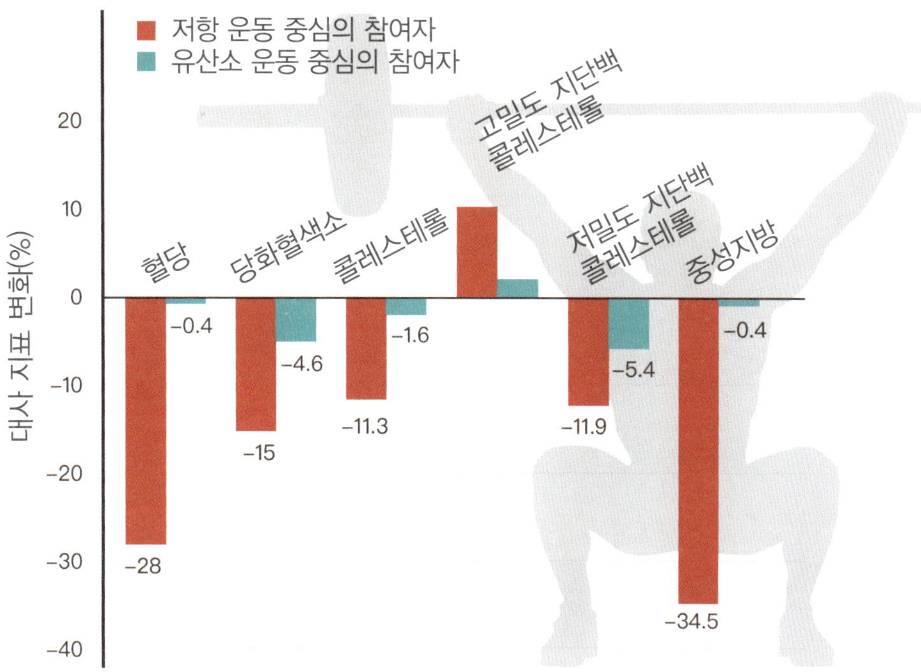

LES MILLS DANCE

04 지방 감소와 지방 연소는 동일하지 않다 (EPOC은 지방 연소에 기여하지 않음).

FAT LOSS DOES NOT EQUAL FAT BURNING
(EPOC IS NOT CONTRIBUTED BY FAT BURNING)

주요 내용

- 휴식 시, 인체는 기초대사 요구를 충족하기 위해 지속적으로 지방산을 소비하고 있음.
- 저강도에서 중강도의 유산소 운동은 고강도 운동보다 지방 연소가 더 많음에도 불구하고 지방 감소 효과는 미미함(21).
- 고강도 유산소 운동 및 스프린트는 운동 중에 지방 연소는 거의 일어나지 않음에도 불구하고 복부 지방 감소에는 효과적임(22).
- 운동한 근육의 재생 요구는 지방 조직으로의 연료 축적을 방해함(23).
- 지방 연소(24시간 지방산 산화)는 운동 중이나 운동 후에도 변하지 않음.

요약

지방 감소는 지방량의 감소로 정의되며, 지방 연소는 지방산이 이산화탄소로 전환되는 것으로 정의된다. 지방 감소 결과는 지방 연소 결과와 반드시 일치하지 않는다. 실제로, 지방세포에서 방출된 상당량의 지방산은 면역세포와 함께 조직 회복에 사용된다(24). 운동은 강도에 따라 복부 지방을 감소시킨다(25). 지방 감소 효과는 지방 연소(산소 소비 시 지방산이 이산화탄소로 전환)에 의해 발생하지 않는다. 열량 측정 챔버(chamber)에서 실시한 연구에서는 다양한 운동(운동 및 회복 시간 포함)에 대해 24시간 지방산 산화에 유의한 변화가 없었다(26, 27). 운동 강도가 증가함에 따라 혈장 지방산으로부터의 에너지 기여도가 감소한다(21). 이러한 결과는 지방 연소 자체가 운동

지방 연소와 지방 감소는 다르다!

'지방 연소'는 지방산이 산화되어 이산화탄소와 에너지를 생성하는 과정이다. 인체는 휴식 시 소모되는 열량(기초대사량)과 중·저강도 운동 시 소비되는 열량의 대부분을 지방 연소를 통해 얻는다.
반면 '지방 감소'는 체지방량이 실제로 줄어드는 것을 의미하며, 이를 위해서는 고강도 운동에서의 지방 분해, 지방세포의 사멸, 지방 조직의 축적 감소 등이 필요하다. 따라서 지방 감소는 지방 연소와는 직접적인 관련이 크지 않다.

이나 훈련의 지방 감소 효과를 설명할 수 없다는 것을 종합적으로 나타낸다.

지방 분해(트리글리세리드가 지방산과 글리세롤로 가수분해)와 지방세포 사멸은 카테콜아민(에피네프린 및 노르에피네프린) 증가에 의해 유발되는 지방 감소와 더 관련이 있다(28, 29). 카테콜아민 분비량은 운동 강도에 정비례한다(30). 실제로, 에피네프린 유사체의 투여는 운동 없이도 체지방 감소를 촉진시키고 근육량을 증가시킬 수 있다(28). 고강도 단시간 운동을 하는 젊은 성인의 경우, 15주간의 스프린트 훈련(주 3회)이 복부 지방 감소에 효과적인 것으로 나타났다(31). 유사한 에너지 소비의 중강도 운동 훈련(VO_2max의 60%, 주 3회)이 정상적인 젊은 여성의 체지방 변화를 일으키지 않았다. 비만 남

지방분해란?

지방 조직에 흡수된 지방산은 대부분 중성지방 형태로 체내에 저장된다. 신체가 지방산을 필요로 할 때 '지방 분해'가 일어나며, 이 과정에서 중성지방은 지방산으로 분해된다.
지방산은 조직 손상 후 세포 재생에 필요한 중요한 원료 중 하나이다. 따라서 세포 재생에 대한 요구가 높아질수록 지방 분해는 증가하지만, 이것이 반드시 지방 연소의 증가로 이어지는 것은 아니다.

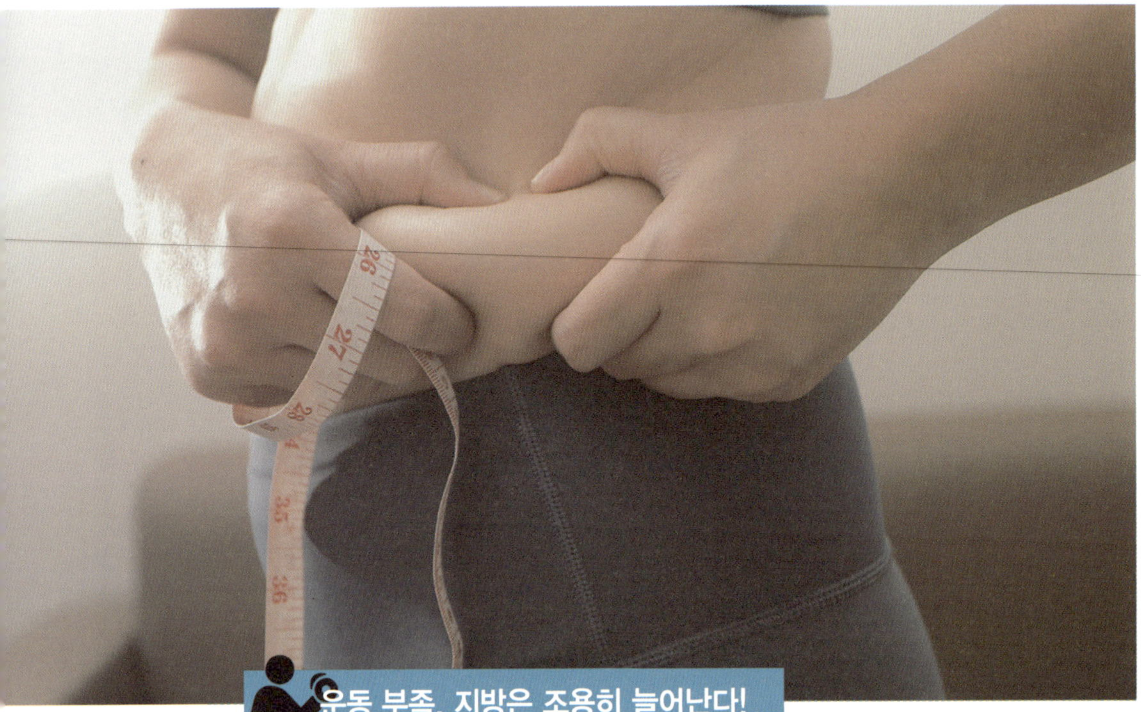

운동 부족, 지방은 조용히 늘어난다!

식후에 혈액으로 이동한 중성지방은 근육과 지방 조직으로 분배되어 저장된다. 그러나 운동 부족 상태에서는 지방 조직이 중성지방을 더 많이 흡수하는 경향이 생기며, 그 결과 섭취한 중성지방 대부분이 지방 조직으로 들어가고 근육에 저장되는 양은 줄어든다. 이러한 변화는 체중이 크게 변하지 않더라도 지방 축적을 가속화하여 체형이 망가지는 결과를 초래할 수 있다. 따라서 식이 조절만으로 체중을 줄였다고 해서 곧바로 체지방 감소가 이루어지는 것은 아니다.

성의 경우, 12주간의 저강도 및 중강도(VO_2max의 40% 및 70%, 주 3회) 유산소 운동이 체지방에 변화를 주지 못했다(32). 이러한 결과는 운동의 지방 연소 이론이 잘못된 이론임을 종합적으로 시사한다. 왜

냐하면 저강도에서 중강도의 운동이 스프린트 운동보다 운동 중 에너지를 얻기 위해 더 많은 지방을 연소하기 때문이다(22).

근육은 식후 영양소에 대해 지방 조직과 경쟁 관계에 있다. 높은 영양소 요구는 세포 재생을 위한 골수 유래 줄기세포의 침투로 인해 발생한다. 폐와 지방 조직 간의 줄기세포 경쟁 또한 중요한 역할을 할 수 있다. 휴식 중에는 50% 이상의 골수 줄기세포가 폐에서 단명한 기도 상피세포를 재생하는 데 사용된다(33). 유산소 운동은 환기 증가로 인해 손상된 기도 상피세포가 골수 줄기세포로 더 많이 대체되도록 유도한다(11). 이는 또한 고강도 유산소 운동이 일반적으로 호흡 요구가 적은 저항 운동보다 지방 감소에 더 효과적인 이유를 설명할 수 있다.

또한 혈액 내 식후 중성지방을 지방 조직과 근육으로 분배하려면 지단백 지질분해효소(lipoprotein lipase; LPL)가 필요하다. LPL은 근육과 지방 조직의 모세혈관 내강에 존재하며, 가수분해된 지방산이 국소 조직에 침착되는 데 필요한 순환 중성지방의 가수분해 속도를 결정한다. 활동적인 생활방식에서 좌식 생활방식으로의 변화는 지방 대 근육 LPL 비율을 상당히 증가시킨다(34). 이 변화는 총에너지 함량과 식이 지방 구성이 동일할 때 식후 지방이 근육보다 지방 조직으로 더 많이 분배되도록 한다.

제안

1. 고강도 유산소 운동(주 3회) 또는 간헐적 스프린트는 복부 지방을 효과적으로 감소한다.
2. 중강도 운동(하루 30~40분, 주 3회)은 지방 감소 효과가 미미하다.
3. 식사 시간을 운동 시간 가까이에 배치하면 손상된 조직에 영양소를 공급하여 운동의 지방 감소 효과를 극대화할 수 있다.
4. 총에너지 섭취량이 체중을 결정하며, 운동은 신체 조성에 영향을 미친다.

고강도 운동 후 탄소 자원 배분

고강도 운동은 탄소 자원의 재분배를 촉진한다. 근육과 폐 세포의 재생에 탄소 자원의 상당 부분을 소모하여, 지방 조직에 할당되는 탄소 자원의 비율이 줄어든다.

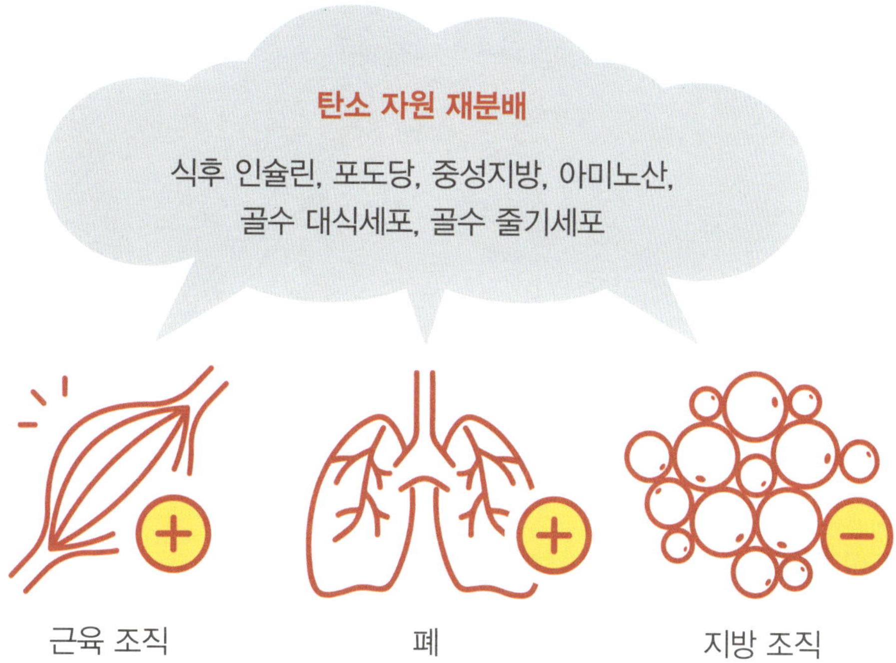

LES MILLS GRIT

05 저항 운동을 통한 지방 감소 및 근육 증가를 위한 식사 타이밍

MEAL TIMING FOR FAT LOSS AND MUSCLE GAIN BY RESISTANCE TRAINING

주요 내용

- 저항 운동 중심으로 철저하게 식사를 배치할 때 최적의 지방 감소와 근육량 증가가 나타남(22, 35).
- 운동과의 시간 간격을 두는 식사는 저항 운동의 지방 감소 효과를 완전히 제거하고, 근육량 증가 효과를 최대 50%까지 감소시킴(35).
- 장시간 유산소 운동은 운동 후 즉시 식사를 할 경우에만 다리 근육에서 포도당과 아미노산 흡수를 증가시킴(36).
- 유산소 운동 후 3시간 동안 식사를 지연시키면 향상된 단백질 합성이 사라짐(36).

요약

최적의 타이밍으로 영양을 보충하는 것은 유산소 운동과 저항 운동 모두에서 근육량 증가와 지방 감소의 원하는 결과를 극대화하는 데 중요하다. 운동 후 영양 섭취의 지연은 두 결과 모두에 부정적인 영향을 미칠 수 있다. 이러한 결과를 강조하는 두 개의 연구를 제시한다.

첫 번째 연구는 젊은 남성을 대상으로 한 10주간의 저항 운동 프로그램에서 단백질(32g), 탄수화물(35g) 및 크레아틴 모노하이드레이트(5.6g) 음료의 운동 직전과 직후 또는 아침 식사 전과 저녁 식사 후 보충의 차이를 조사했다(36). 연구 결과, 운동 직전과 직후에 섭취한 경우 너무 이르거나(아침 식사 전) 늦은(저녁 식사 후) 보충 타이밍에 비해 근육량, 벤치프레스 및 스쿼트의 근력, 제2형 근섬유 크기가 유의하게 증가하고, 지방량은 감소하는 것으로 나타났다. 식사 시간을 운동과 분리하면 저항 운동의 지방 감소 효과가 거의 사라지고 근육량 증가가 최대 50%까지 감소했다.

두 번째 연구에서는 운동 후 영양 섭취 타이밍이 건강한 성인의 전신 및 다리 단백질 항상성에 미치는 영향을 조사했다(36). 60분간의 중강도 유산소 사이클링 운동 후 즉시 또는 3시간 후에 영양 보충제(단백질 10g, 탄수화물 8g, 지방 3g)를 섭취했다. 즉시 섭취한 그룹은

아미노산과 포도당이 다리 근육으로 더 많이 흡수되는 것으로 나타났다. 다리의 단백질 분해는 두 처치 간에 크게 다르지 않았지만 단백질 합성은 3시간 후에 섭취한 그룹에 비해 즉시 섭취한 그룹에서 3배 이상 증가했다. 즉, 운동 직후 영양소를 섭취할 때 다리 단백질의 순 증가를 가져온 반면, 3시간 후에 영양소를 섭취했을 때 다리 단백질의 순 손실이 있었다(36).

따라서 유산소 및 저항 운동 훈련 모두 지방량 감소와 근육량 증가를 극대화하기 위해서는 운동 시간과 가까운 시점에 영양 공급이 이루어져야 한다.

제안

1. 하루 중 가장 에너지가 높은 식사를 파악하고 이를 중심으로 운동을 배치하여 근육 증가를 극대화하고 지방을 최소화한다.
2. 운동 후 쉽게 소화할 수 있는 영양소를 최대한 빨리 섭취하여 식사 시간의 이점을 극대화한다.
3. 모든 사람이 운동 전 식사를 받아들일 수 있는 것은 아니므로 개인별 고려가 필요하다.

영양 보충 타이밍에 따른 근육의 영양소 흡수

운동 직전과 직후에 영양 보충을 하면 근육에 흡수되는 영양소의 비율을 높이고 체지방을 줄일 수 있다.

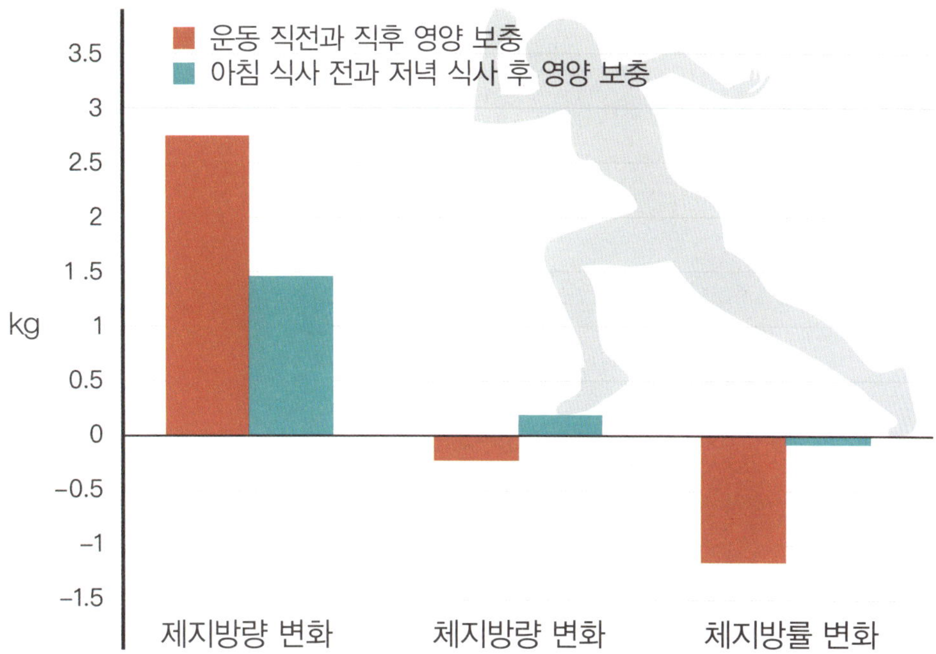

LES MILLS GRIT

06

지방 감소를 위한 올바른 운동 선택 방법

HOW TO CHOOSE THE RIGHT EXERCISE FOR FAT LOSS?

주요 내용

- 지방 감소에는 고강도 유산소 운동이 저항 운동보다 뛰어남(37).
- 저강도 유산소 운동은 복부 지방 감소에 미미한 효과를 보임(38).
- 저항 운동은 운동 직후 영양 공급과 병행할 때만 지방량을 줄임(35).
- 간헐적 스프린트 운동은 지방 감소에 효과적임(31).

요약

고강도 인터벌 훈련(HIIT)은 지난 20여 년간 특히 체지방 감소를 위한 방법으로 효과성을 인정받고 있다. 예를 들어, 젊은 여성 참여자를 대상으로 한 15주 HIIT 연구에서 8초 운동–12초 휴식의 간헐적 스프린트를 60회 반복(주 3회)한 결과로 체지방 11%가 유의하게 감소한 반면, 동일한 에너지를 소비하는 중강도 유산소 운동을 통한 지방 감소 효과는 관찰되지 않았다. 이 연구에서는 HIIT 후 공복 인슐린 수치가 현저히 감소(–31%)하는 것도 나타났다(31). 인슐린은 지방 감소에 중요한 역할을 하며, 인슐린 수치가 낮아지면 지방세포 사멸이 증가한다는 증거가 있다(39, 40). 저항 운동이 체지방을 감소하는가? 상당한 근육량 증가에도 불구하고, 식사 시간이 지연된 경우에는 저항 운동이 지방량에 영향을 주지 않을 수 있다(제5장 참조).

유산소 운동의 강도는 체지방 감소 효과에 중요한 요소이다. 비만 여성 참여자(체지방 약 40%)를 대상으로 한 16주간의 운동 연구에

인슐린 감소는 체지방 감소의 핵심이다!

인슐린이 낮아지면 지방 조직의 분해 속도가 합성 속도보다 빨라지고, 그 결과 지방세포의 사멸 속도가 재생 속도보다 높아져 체지방 감소 효과가 나타난다.

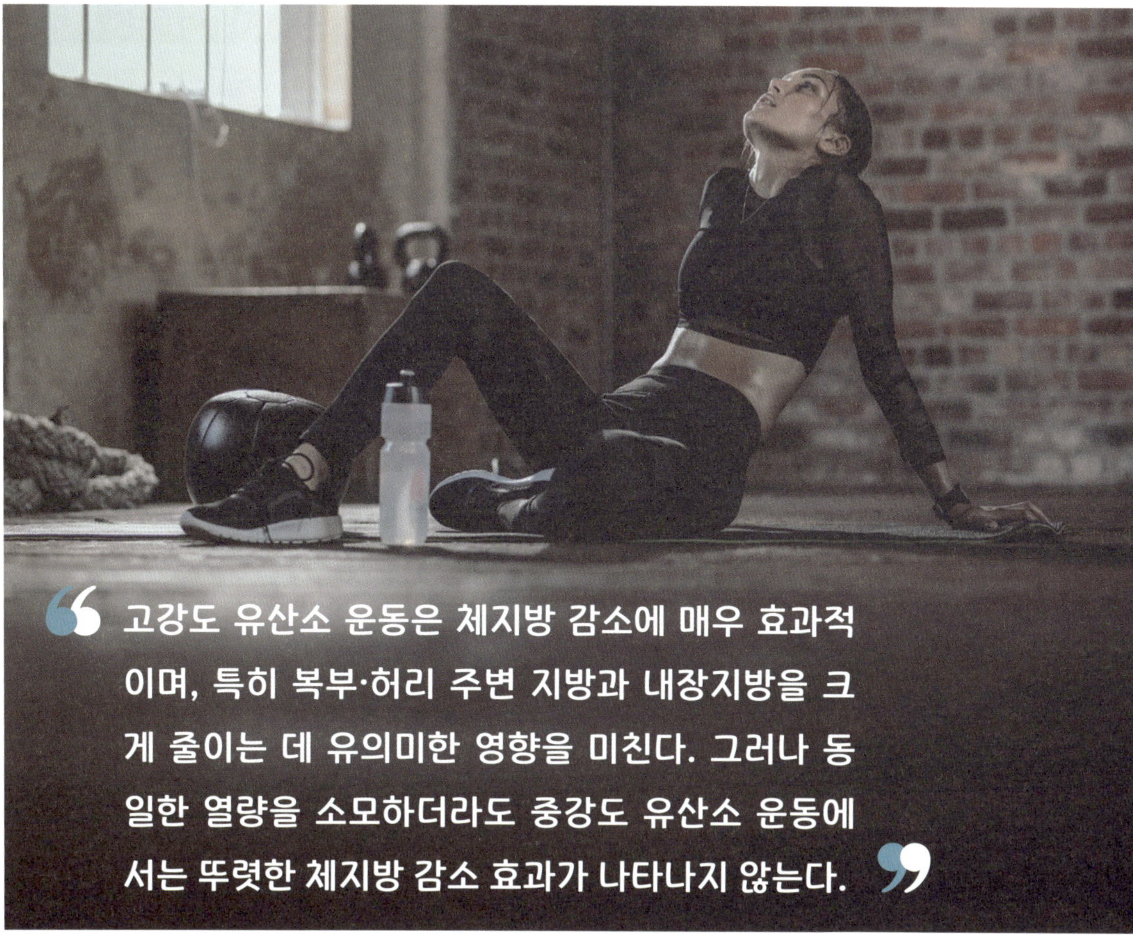

서 주당 고강도 세션 3회와 중강도 세션 2회로 구성된 HIIT는 동일한 열량의 저강도 유산소 운동에 비해 체중(−3.7%), 복부 지방(−8.5%), 피하 지방(−8.9%)이 더 크게 감소했다(38). 이 연구의 가장 중요한 발견은 고강도 운동과 비슷한 양의 에너지를 소비하는 저강도 유산소 운동이 비만 참여자의 지방 감소에 영향을 미치지 않았다는 점이다. 또 다른 연구에서는 고강도 유산소 운동이 저항 운동만 하는 것보다

체지방 감소 효과가 더 뛰어났다(37). 강도가 지방 감소 효과에 미치는 영향에 대한 연구 결과는 DXA 및 영상 기법과 같은 신뢰할 수 있는 측정 방법을 사용한 19개의 연구를 포함하고 있는 2013년 발표된 메타분석과 일치한다(25).

제안

1. 세션당 8~30초 스프린트를 4~8회 반복하는 폭발적인 전신 집중 운동(예: 탈진 스프린트)을 12주 동안 주당 2~3회 실시할 경우 지방 감소에 효과적이다.
2. 각 HIIT 세션 사이에 48시간의 휴식을 두어 신체가 충분한 휴식을 취하고 손상된 근육을 회복하기 위한 운동 후 영양 보충이 이루어질 수 있도록 하는 것이 좋다.
3. 참여자의 운동 경험, 부상 예방, 지속 의사 및 나이를 고려해야 한다.
4. 70세 이상의 경우, 식사 타이밍에 특별한 주의를 기울여 저항 운동을 하는 것을 권장한다.

고강도 인터벌 훈련에 의한 지방 감소 효과

중강도 유산소 운동을 하거나 운동을 전혀 하지 않은 사람들에 비해 고강도 인터벌 훈련(HIIT)을 한 사람들이 가장 유의미한 지방 감소를 보였다. 중강도 유산소 운동도 같은 양의 열량을 소모했지만, 눈에 띄는 지방 감소 효과는 나타나지 않았다.

BODYPUMP

07 운동이 골밀도를 증가시킬 수 있는가?

CAN EXERCISE TRAINING INCREASE BONE MINERAL DENSITY (BMD)?

주요 내용

- 저항 운동은 스트레스가 가해진 부위에서만 골무기질 축적을 유도하며, 이는 염증에 의해 유발됨.
- 저항 운동은 전신 골밀도를 증가시키지 않지만, 자극된 부위로 미네랄 재분배를 초래함.
- 골밀도는 골수 줄기세포의 국소화 정도를 반영하며, 운동을 통해 재분배될 수 있음.
- 압축과 신장 장력 모두 손상된 뼈에서 골밀도를 증가시킬 수 있음.

요약

뼈는 항상 중력과 움직임의 자극을 받지만 구조적 안정성을 유지한다. 이는 뼈가 크기, 모양, 젊음을 유지하기 위해 빠른 세포 사멸과 재생을 통해 지속적으로 재형성되기 때문이다(41~44). 뼈세포의 수명은 수 주에서 수 개월에 불과하다(45). 이 세포 전환은 병변 부위의 염증에 의해 발생하며, 이는 골수 줄기세포가 전체 재생 과정에 참여해야 한다. 영양소와 동화 호르몬이 충분히 공급된다면, 충분한 회복 시간을 가진 신체적 자극이 뼈를 더 젊은 상태로 재건하고 유지할 수 있다. 골수 줄기세포와 뼈 구조 간의 이러한 인과 관계는 골수세포 증식을 억제한 후 뼈 손상 및 골수세포 고갈의 증거로 제시된다(46). 자극 없이는 더 많은 칼슘을 섭취한다고 해도 미네랄 침착이 개선되지 않는다.

> **“운동이나 중력에 의한 부하를 받으면 뼈의 미세 구조에서 세포 손상과 염증 반응이 발생한다. 그러나 충분한 영양 공급과 합성 관련 호르몬의 조건이 갖춰지면, 이러한 자극은 골밀도 증가로 이어질 수 있다.”**

운동은 자극된 부위의 골밀도를 약 3% 증가시키는 것으로 보고되었다(47). 그러나 전신 골밀도는 청소년 운동선수(48)와 폐경 후 여성(49)을 대상으로 한 장기간 고강도 저항 운동 프로그램 후에 변화가 없거나 약간 감소하는 것으로 나타났다. 사지를 자극한 12주 저항 운동 프로그램에서는 상지의 골밀도만 개선된 것으로 보고되었다(48). 이는 훈련 전 훨씬 낮은 골밀도와 적은 반복 스트레스를 받는 상지에 비해 매일 서 있고, 걷고, 달리는 동안 지속적인 중력 스트레스로 인해 하지의 골밀도가 상대적으로 높다는 사실과 관련이 있다(50). 고칼슘 보충(하루 1.5g)과 함께 6개월 동안 저항 운동을 실시한 폐경 후 여성에서도 유사한 결과가 나타났다.

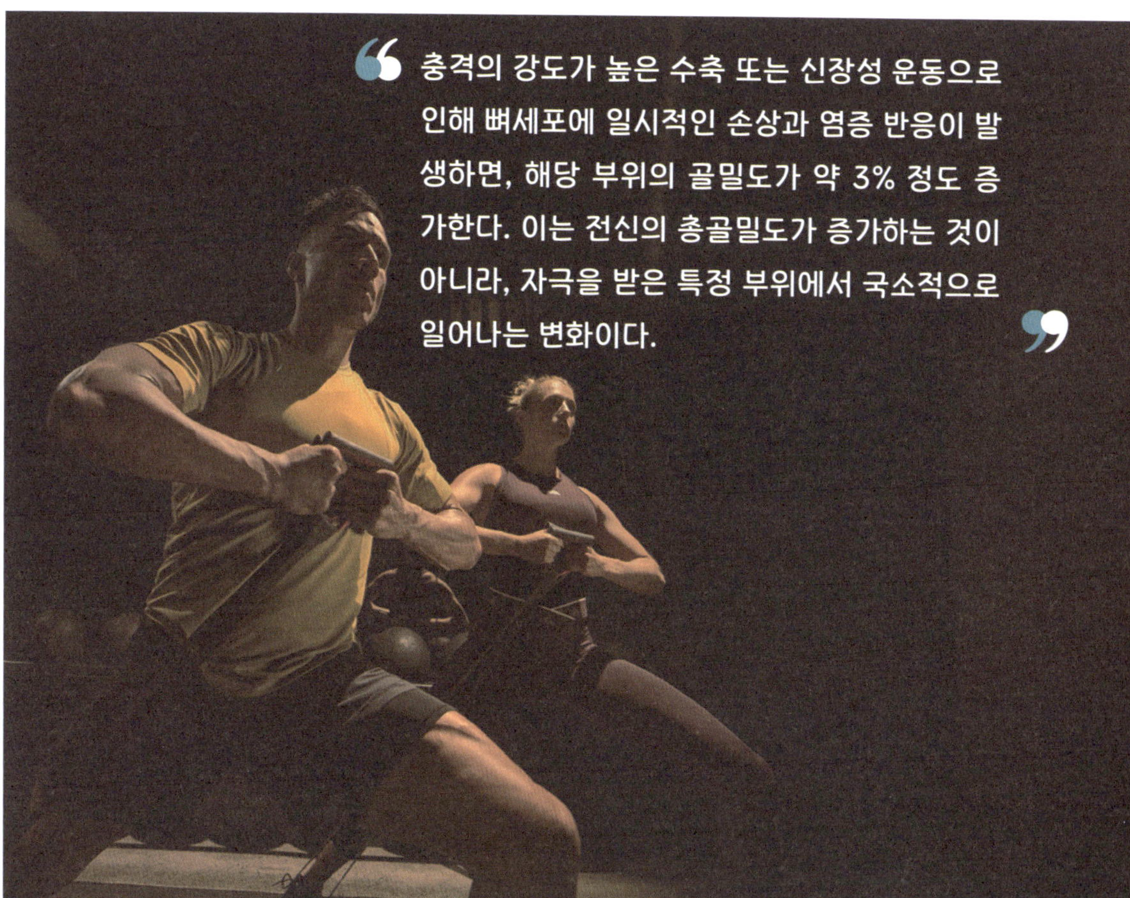

> 충격의 강도가 높은 수축 또는 신장성 운동으로 인해 뼈세포에 일시적인 손상과 염증 반응이 발생하면, 해당 부위의 골밀도가 약 3% 정도 증가한다. 이는 전신의 총골밀도가 증가하는 것이 아니라, 자극을 받은 특정 부위에서 국소적으로 일어나는 변화이다.

뼈는 조직 부피의 거의 50%가 단백질로 구성되어 있다(42). 흥미롭게도, 고단백질 식이는 칼슘 배설을 유발한다(51). 저항 운동 중 식이 단백질의 섭취 타이밍이 중요해 보인다. 45세에서 83세의 남녀를 대상으로 한 5개의 무작위 대조 시험에 대한 메타분석에서는 장기간의 고단백질 식이 섭취 후 전신 골밀도에 변화가 없는 것으로 나타났다(52). 반면 저항 운동 후 1시간 이내에 26g/일의 단백질을 보충했을 때 골무기질 함량이 유의하게 증가(+1.2%)했다(53). 따라서 운동과 결합할 때 단백질 섭취 타이밍과 용량은 골밀도를 향상시키는 데 중요할 수 있다.

> **고령자의 골밀도 감소는 주로 합성 관련 호르몬의 감소로 인해 발생한다. 이러한 호르몬을 적절히 보충하지 않는다면, 운동만으로는 전신적인 골밀도 감소 문제를 해결하기 어렵다.**

노화에 따른 골 소실의 근본적인 원인은 동화 호르몬의 감소이다. 성호르몬, 인슐린, 성장 호르몬은 조혈 줄기세포의 증식을 직접적으로 증가시킬 수 있다(54~56). 이 동화 작용의 감소가 보충되지 않으면 운동으로는 나이에 따른 골 소실을 되돌리기 어려울 것이다.

제안

1. 청년기 이후 체중 증가를 예방하여 뼈 비율을 감소시키지 않도록 한다.
2. 운동 적응은 골수 줄기세포를 필요로 한다.
3. 노화로 골 소실이 발생할 경우 호르몬 대체를 고려한다.
4. 운동 세션을 중심으로 전략적으로 영양 섭취를 계획한다.

골밀도 향상 방법

저항 운동을 한 후 바로 단백질을 보충하면 문제가 있는 부위의 뼈 무기질 함량을 크게 높일 수 있다.

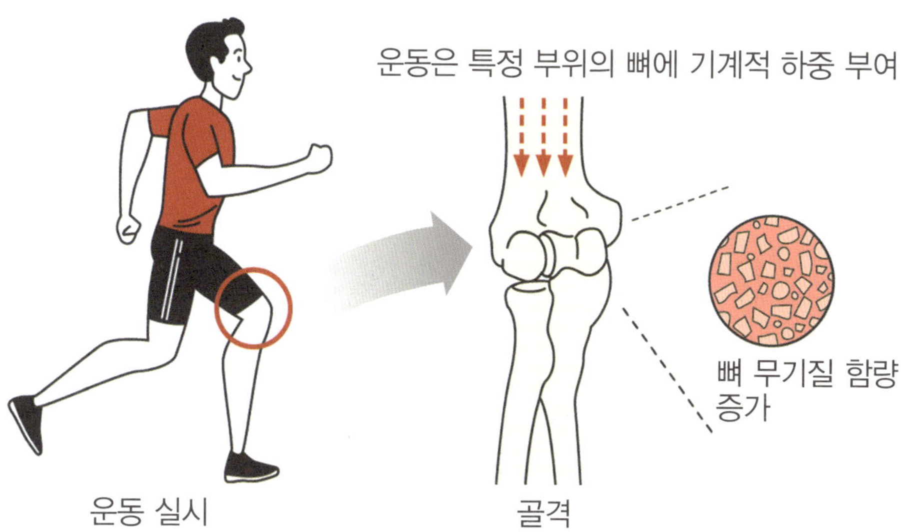

08 고탄수화물 식이가 체지방을 증가시키는가?

DOES CARBOHYDRATE DIET INCREASE MY BODY FAT?

주요 내용

- 좌식 생활을 하는 사람들에게 단백질 제한 없는 고탄수화물 식이는 인슐린 반응을 증가시켜 체지방 증가를 유발함.
- 저탄수화물/고단백질 식이는 체지방을 줄이지만 수명을 단축시키거나 종양 발생 위험을 높임.
- 전통적인 키토제닉 식이(저탄수화물 고지방 식이)는 체지방을 줄이지만 골밀도를 감소시켜 골절 위험을 증가시킴.
- 비만을 예방하기 위해서는 탄수화물 식사 전에 운동하는 것을 권장하며, 이는 인슐린과 영양소를 지방 조직이 아닌 골격근으로 유도하는 데 도움이 됨.

요약

인슐린은 근육과 지방 조직 모두에서 중량 증가를 자극하는 주요 호르몬이다. 인슐린이 부족하면 지방량과 근육량이 모두 감소한다(58). 정상적으로 노화하는 세포를 지속적으로 재생하기 위해서는 골수 줄기세포의 증식과 체내 확산 및 정착(seeding)에 인슐린이 필요하다(57). 지방 조직은 골수가 다기능 줄기세포를 과잉 생산할 때 줄기세포의 저장 장소가 된다. 복부 지방 부위에 저장된 줄기세포는 생체 조직의 세포 재생 요구 증가에 대응하는 중요한 인체 항상성 유지 기전으로 작용한다. 체중 증가(세포 수 증가)는 성장하는 신체를 유지하기 위해 복부 지방 조직에 더 많은 줄기세포의 저장이 필요하다. 따라서 체중 증가를 예방하는 것은 비만 예방과 최적의 조직 유지를 위한 장기 목표로 간주되어야 한다.

지방간은 어떻게 생기는가?

식이 섭취는 인슐린 분비에 큰 영향을 미치며, 특히 탄수화물과 단백질을 함께 섭취할 경우 인슐린 분비가 더욱 증가한다. 혈중 인슐린 농도가 장기간 높게 유지되면, 근육과 지방 조직에서 합성이 촉진되어 체중이 증가할 뿐만 아니라, 신체는 골수 줄기세포를 과도하게 생산하여 간과 지방 조직에 저장하게 된다. 이는 더 큰 규모의 세포 재생을 유지하기 위한 보상 작용으로 나타나는데, 이러한 체중 증가에 대응한 보상적 줄기세포 축적이 비만과 지방간의 주요 원인이 된다.

비만 예방의 원칙

성인 이후에는 총열량 섭취를 줄이는 동시에 탄수화물의 비율을 높이는 것이 중요하다. 탄수화물과 적정량의 단백질을 함께 섭취하는 시점은 운동 전·후로 제한하는 것이 좋으며, 이렇게 하면 체지방 감소와 근육 증가 효과를 극대화할 수 있을 뿐만 아니라 노화 속도를 늦추는 데에도 도움이 된다.

탄수화물이 풍부한 식사는 식이 지방과 단백질보다 췌장 인슐린 분비를 더 강하게 자극한다. 그러나 탄수화물 식사에 단백질을 조합하면 인슐린 분비가 더해지는 부가적인 효과가 발생하여 체중 증가를 촉진한다. 단백질이 성장을 촉진하므로, 고단백질 식이는 의도하지 않은 체중 감소를 겪거나 힘든 운동을 하는 사람이 아니면 권장되지 않는다. 장기적인 단백질 제한 식이 섭취는 근육 증가를 늦추는 것보다 지방 증가를 더 효과적으로 늦춘다(59). 고단백질 저탄수화물 식이는 췌장 인슐린 분비를 최소화할 수는 있지만, 수명을 감소하고 노화와 암을 가속화하는 것으로 나타났다(60~62).

> "고단백질·저탄수화물 식이는 인슐린 분비를 줄일 수 있지만, 건강에 문제가 없고 고강도 운동이 부족한 상황에서 과도하게 단백질을 섭취하면 노화를 촉진하고, 암 발생 위험을 증가시키며, 건강에 이롭지 않다고 의학 연구들은 지적하고 있다."

지방 조직의 크기는 근육보다 낮은 인슐린에 더 민감하다(노년기 체중 감소 기간 및 제1형 당뇨병 환자에서 관찰됨). 낮은 인슐린 상태에서는 근육이 이화 작용과 염증을 일으켜 근육을 재생하기 위해서는 더 많은 줄기세포가 필요하다(2). 줄기세포는 염증이 있는 동안 포식 면역세포(건강하지 않은 세포 제거에 도움) 및 근육량을 유지하기 위한 조직 줄기세포(근섬유 재생)를 만드는 데 활용된다.

탄수화물 섭취를 제한하여 인슐린을 낮추는 것은 체지방을 감소시키는 건강한 방법으로 권장되지 않는다. 인슐린이 없는 상태의 근육은 결국 골수 줄기세포를 소모하여 골밀도를 감소시키고(63), 따라서 골절 위험이 증가하기 때문이다(64). 저탄수화물/고단백질 식이가 체지방을 줄이는 것으로 알려져 있지만, 수명을 감소시키고 종양 발생을 증가시킨다. 전통적인 키토제닉 식이(저탄수화물, 저단백질, 고지방 식이)는 인슐린을 낮추어 체지방을 감소시키는 효과적인 중재처럼 보인다. 그러나 이 효과로 인해 골밀도가 감소할 수도 있다.

> **고지방·저단백질·저탄수화물로 이루어진 전통적인 케톤 생성 식이는 인슐린 분비를 줄이고 체지방 감소를 유도할 수 있다. 그러나 이러한 식이는 체내에 저장된 골수 줄기세포와 노화 세포를 대량 소비하게 만들어, 결국 면역 기능 저하, 골밀도 감소, 골절 위험 증가로 이어질 수 있다.**

제안

1. 수명을 늘리기 위해서는 고탄수화물-저단백질 식이를 선택해야 한다.
2. 고탄수화물 식이로 최적의 지방 감소와 근육 증가를 달성하기 위해서는 식사 전 규칙적인 고강도 운동과 저항 운동을 추가해야 한다.
3. 저탄수화물-고단백질 식이(예: 앳킨스 식이)는 단기적으로는 지방 감소를 유도할 수 있지만, 장기적으로는 부정적인 건강 영향을 초래할 수 있어 주의가 필요하다.

09 높은 글리코겐 저장은 마라톤 경기력 최적화를 위해 필수적이다.

HIGH GLYCOGEN STORAGE IS ESSENTIAL FOR OPTIMIZING MARATHON PERFORMANCE

주요 내용

- 근글리코겐은 고강도 지구성 운동의 주요 에너지원임(21).
- 인슐린은 휴식 시 근글리코겐 저장을 자극하고 운동 후 저장을 향상시킴(65).
- 운동 후 탄수화물 섭취를 지연시키면 근글리코겐 회복이 저해됨(66).
- 복합 탄수화물 근글리코겐 보충에 있어 단당류보다 우수함(67).
- 운동 후 근글리코겐 회복에 식사 빈도는 중요하지 않음(66).

요약

근글리코겐은 고강도 운동에서 지구성 운동수행력을 결정하는 요소이다(67). 이는 근글리코겐이 고강도 운동 중 주요 에너지원 역할을 하기 때문이다. 지방 조직에 저장된 지방은 지속적인 강한 근수축 시 에너지 공급에 기여하는 비율이 낮다. 글리코겐을 소모하는 운동은 운동 후 48~72시간 동안 글리코겐 초과회복을 유도한다.

탄수화물 섭취량, 섭취 시기 및 종류는 운동 후 글리코겐 재합성을 최적화하는 데 중요한 역할을 한다. 근글리코겐 합성 속도는 섭취한 탄수화물의 양에 정비례하며 인체 근육에서의 최대 합성 속도는 1.4g/kg/h로, 인슐린을 주사하지 않는 한 탄수화물 섭취량이 더 많아도 더 이상 증가하지 않는 것으로 나타났다(68). 훈련된 사이클 선수를 대상으로 실시한 연구에서는 운동 후 탄수화물 섭취를 2시간 지연시킬 경우, 운동 후 즉시 섭취한 경우에 비해 근글리코겐 합성 속도가 45% 감소했다(66). 또한 다양한 종류의 탄수화물이 글리코겐 합성 속

> **운동 직후 탄수화물을 섭취하는 것이 근글리코겐 저장량을 가장 효율적으로 회복시키는 방법이다. 이때 전곡류(통곡물) 탄수화물을 우선적으로 권장하며, 섭취량은 운동 후 매시간 체중 1kg당 1.4g을 상한으로 한다. 여러 번 나누어 먹을 필요는 없다.**

도에 영향을 미칠 수 있다. 훈련된 운동선수들이 동일한 열량의 복합 탄수화물 공급원(예: 통곡물 및 전분 채소)을 섭취한 경우, 격렬한 달리기 후 48시간 동안 단당류(포도당, 과당 및 설탕)를 섭취했을 때보다 더 높은 글리코겐 합성 속도를 보였다(67). 이 연구에서는 운동 후 탄수화물 식사의 빈도가 글리코겐 합성 속도에 큰 영향을 미치지 않았으며, 2끼 식사와 동일한 열량의 7끼 식사 모두 골격근의 글리코겐 함량이 비슷하게 나타났다.

운동 후 글리코겐 초과회복 효과는 글리코겐이 고갈된 근육의 인슐린 민감도 증가와 관련이 있다(69). 인슐린은 당수송체 4형(glucose transporter type 4; GLUT4)이 세포막으로 이동을 함으로써 혈액에서 포도당 수송을 자극하고, 골격근에서 글리코겐 합성효소의 활성을 증가시켜 글리코겐 합성을 활성화한다. 탄수화물 식사에 아미노산(예: 류신 및 페닐알라닌, 가수분해 단백질)을 추가하면 순환계로 인슐린 분비가 증가하는 것으로 나타났다(70). 그 결과, 소량의 단백질을 추가한 탄수화물 보충은 마라톤 선수의 운동 후 보충을 위한 가장 일반적인 전략이다.

마라톤 및 트라이애슬론 선수의 경우, 글리코겐 로딩(loading) 전략은 경기 6일 전에 시작된다. 경기 6일 전에는 정상적인 식이와 일반적인 훈련을 병행한다. 경기 2~3일 전에는 고탄수화물 식사(열량의 70% 이상을 탄수화물로 구성)로 변경되며 훈련 프로토콜은 줄어들고(즉, 고강도에서 20분), 경기 전날에는 훈련을 계획하지 않는다.

왜 글리코겐 초과보상 현상이 나타나는가?

고강도 운동은 근글리코겐을 대량으로 소모시키며, 이 과정에서 인슐린 감수성이 증가한다. 인슐린은 혈액 속 포도당이 근육으로 유입되도록 촉진하고, 근육 내 글리코겐 합성효소의 기능을 강화하여 운동 후 48~72시간 동안 글리코겐의 재합성 속도를 빠르게 높인다. 이로 인해 글리코겐 저장량은 운동 전의 두 배 이상으로 증가할 수 있으며, 이는 마라톤 대회에서 흔히 사용되는 경기 전 보급 전략이다.

제안

1. 다가오는 지구성 경기 및 훈련을 위해 근글리코겐 저장을 극대화해야 한다. 글리코겐 초과회복은 마지막 훈련 후 48~72시간 동안 발생한다(69).
2. 글리코겐 보충을 극대화하기 위해 운동 후 탄수화물 식사를 지연시키지 않도록 한다.
3. 운동 후 근글리코겐 합성에 있어 단순 탄수화물보다 복합 탄수화물이 더 좋다(67).
4. 훈련 후 1.2g/kg/h의 탄수화물에 소량의 단백질을 추가하여 보충하면 근글리코겐 회복을 향상시킬 수 있다(71).

글리코겐 초과보상 현상

장시간 지구력 경기(마라톤, 트라이애슬론)에는 충분한 근글리코겐이 필요하다. 선수들은 경기 2~3일 전에 마지막으로 고강도 훈련을 실시하여, 글리코겐 초과보상 현상을 활용함으로써 근글리코겐 저장량을 극대화할 수 있다.

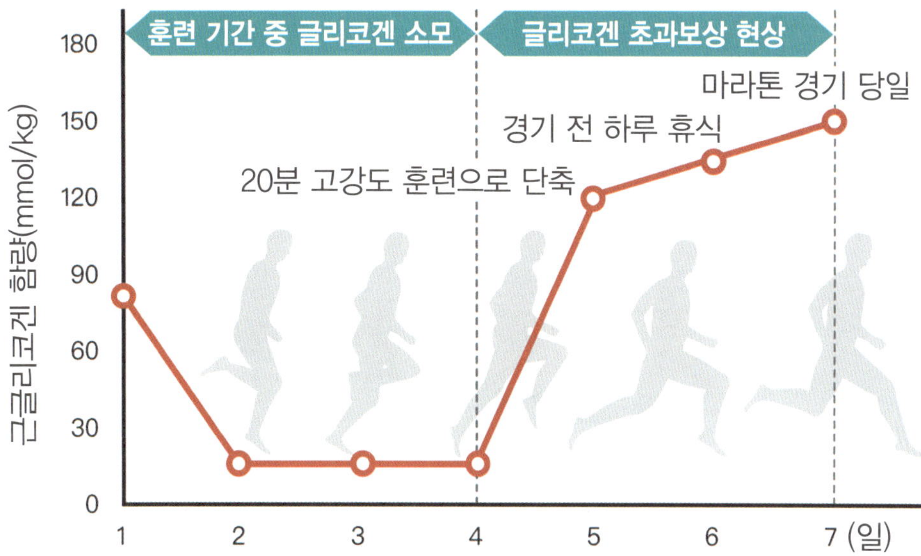

10 운동 후 회복 및 항노화를 위한 단백질 섭취 계획

DIETARY PROTEIN FOR TRAINING RECOVERY AND ANTI-AGING

주요 내용

- 운동으로 노화된 세포를 제거한 후 세포 재생을 위해서는 단백질이 필요함.
- 운동 후 단백질 섭취가 부족하면 세포 재생이 느려지고 염증(통증)을 더 오래 지속시킴.
- 노화의 근본적인 원인인 지속적인 성장은 만성적인 고단백질 식이에 의해 촉진되므로 주의가 필요함.
- 운동 후에는 근육 염증을 제거하기 위해 단백질이 포함된 탄수화물을 즉시 섭취하는 것을 강력히 권장함(72).
- 65세 미만 성인에서 운동없이 젊음을 유지하기 위해서는 탄수화물 대비 단백질 비율이 낮은 식이를 권장함(61, 62).

요약

운동은 노화된 세포를 제거하며, 재생 단계에서 식이 질소를 필요로 한다. 따라서 질소 공급은 세포 재생 속도에 중요한 영향을 미친다. 운동 후 아미노산 공급을 2시간 지연시킬 경우, 근육 단백질 균형이 마이너스가 되고(73) 근육 증가가 저해된다. 만약 운동 후 손상된 근육에 단백질이 신속하게 공급되지 않으면 염증이 지속되어 원치 않는 통증과 피로감을 초래한다(6).

단백질의 섭취 타이밍을 조절하는 방법을 이해하는 것은 체력을 최적화하고 노화를 예방하는 데 중요하다. 운동에 참여하는 사람에게는 운동 전과 직후에 단백질 보충(체중 86kg 기준으로 0.06~0.22g/kg 또는 5~20g)을 권장한다. 그러나 운동량이 거의 없다면 장기적인 건강과 노화 예방을 위해 단백질 섭취 비율을 총에너지 섭취량의 약 10% 미만으로 조절해야 한다.

운동을 하는 사람은 어느 정도의 단백질을 섭취해야 충분할까?

단백질 권장 섭취량은 체중 1kg당 0.06~0.22g 정도면 충분하며, 과도하게 섭취할 필요는 없다. 예를 들어 체중이 86kg인 사람이라면 5~20g 정도의 단백질이면 적정량이다. 또한 단백질은 운동 직전·직후에 섭취할 때 가장 효과적으로 근육 증가를 돕고 근육 염증 회복 시간을 단축시킨다.

적절한 단백질 섭취량을 결정하기 위해서는 구체적인 목표를 고려하는 것이 중요하다. 단백질은 성장에 기여하는 영양소이기에 체중과 신장을 빠르게 증가시키는 것이 목표라면 고단백질 식이가 적합할 수 있다. 그러나 성장을 촉진하는 것이 노화 과정을 가속화할 수 있다는 점에 주목할 필요가 있다. 따라서 장기적인 전략으로 젊음을 유지하고자 하는 경우 저단백질 식이가 더 적합할 수 있다. 성장과 수유에 목적을 두고 있는 현재의 일일 단백질 섭취 권장량은 장수 목표와는 모순된다는 점에 유의해야 한다. 성숙 이후의 성장은 인간의 노화 및 종양 발생의 근본적인 원인으로 알려져 있다.

단백질의 두 얼굴

단백질은 성장과 조직 세포의 새로운 생성에 도움을 주는 영양소이지만, 지속적인 성장 자극은 동시에 노화와 종양 성장의 원인이 되기도 한다. 따라서 먼저 개인의 목표가 '성장 촉진'인지, '노화 지연'인지를 명확히 한 후, 그에 맞는 적절한 식이 전략을 제시하는 것이 중요하다.

단백질은 세포 재생을 유지하는 데 필수적인 질소를 제공하는 영양소로(60), 이는 탄수화물이나 지방을 더 섭취한다고 해서 대체될 수 없다. 정상적인 에너지 소비 중 단백질 섭취가 5% 이하로 부족하면, 의도치 않은 총열량 섭취 증가에도 성장 지연이나 체중 감소가 발생한다. 그러나 고단백질(BCAA가 풍부한 식이) 섭취는 체중 증가와 비만을 가속화할 수 있다(74). 식이 단백질은 성장을 촉진하므로 적절한 권장 사항을 제시하려면 목표 지향적 접근 방식이 명확해야 한다.

식이 단백질과 노화 간의 인과관계 연구를 위한 신뢰할 수 있는 연구 설계는 무작위 대조 시험(randomized controlled trial; RCT)이다. 안타깝게도, 현재 인간을 대상으로 한 식이 단백질의 장수 효과를 조사한 RCT는 없다. 관찰 코호트 연구에서는 단백질 섭취 감소와 모든 원인에 의한 사망 위험 감소 간의 상관관계가 나타났다(61). 식이 단백질을 탄수화물로 대체하는 것이 수명 연장과 대사 건강 개선에 기여한다는 인과관계는 25개의 다양한 식이를 섭취한 동물 모델을 통한 기하학적 프레임워크 연구에 의해 확립되었다(62). 이러한 동물 실험 결과는 2014년의 인간 관찰 연구와 일치한다. 종합적으로 젊어 보이고 싶은 성인에게는 저단백질 식이를 강력히 권장한다. 고단백질 식이는 성숙과 성장(근육 및 체중 증가)에 도움이 되지만, 잠재적으로 수명을 감소시키고 암 발생률을 크게 증가시킬 수 있다.

성장기 아동은 DNA 합성과 세포 증식·재생에 필요한 충분한 질소를 공급하기 위해 상대적으로 더 많은 단백질 섭취가 필요하다. 단백질 섭취가 5% 미만이면 성장 지연이 나타날 수 있다. 반면, 운동 습관이 없는 성인의 경우 단백질 섭취는 총에너지 섭취의 10% 이하로 제한하는 것이 권장되며, 단백질 대신 탄수화물을 활용하여 대사를 개선하고 건강한 노화에 도움이 되는 식사 패턴을 유지하는 것이 바람직하다. 예를 들어, 대만의 일반 식사 구성은 이미 단백질 비율이 6~7%에 이르기 때문에, 일상생활에서 단백질이 부족해질 가능성은 거의 없으며, 오히려 과도하게 섭취하기 쉬운 환경이라고 할 수 있다.

제안

1. 고단백질 보충은 세포 재생을 위해 운동 전이나 운동 직후에만 하는 것이 좋다(젊은 성인: 고탄수화물 식이에 단백질 5~20g을 4:1 비율로 섭취, 65세 이상 노인: 20~40g).
2. 인슐린 분비를 유도하기 위해서는 항상 단백질과 보충제의 주성분인 탄수화물을 함께 섭취해야 한다. 인슐린은 세포 증식 중 DNA 합성에 필요하다.
3. 좌식 생활을 하는 65세 미만의 일반 성인에게는 고단백질 식이가 권장되지 않는다.
4. 영양소 섭취 타이밍은 근육 증가에 중요하기 때문에 전문 운동선수들은 운동 후 회복을 가속화하기 위해 가수분해된 대두단백과 유청단백을 흔히 사용한다.
5. ±1kg 범위 내에서 체중을 안정적으로 유지하려면 식이 조절이 필요하다.

단백질 섭취와 저항 운동의 근육 증가 효과

한 연구에서 젊은 성인을 두 그룹으로 나누어 저항 운동 후 각각 저단백질 식이과 고단백질 식이을 섭취하게 하였다. 12주간의 결과, 단백질 섭취량에 따른 차이는 크지 않았으며 근육 증가에는 저항 운동 자체가 더 큰 영향을 미치는 것으로 확인되었다.

저단백질 식이(단백질 14%) 근육량 변화			고단백질 식이(단백질 44%) 근육량 변화		
운동 전	운동 후	변화량	운동 전	운동 후	변화량
54.8 ± 1.4	55.1 ± 1.5	+0.40	56.6 ± 1.3	57.7 ± 1.1	+1.08

BCAA

11 BCAA(branched-chain amino acids, 분지사슬 아미노산)의 이점과 위험

BENEFITS AND RISKS OF
BRANCHED-CHAIN AMINO ACIDS (BCAA)

주요 내용

- BCAA는 인체 골격근에 풍부하게 존재하며 성장(체중 증가)을 촉진하는 분지사슬 아미노산임(74).
- 고용량 BCAA 보충은 근육 손상을 발생시키는 운동 직후에 회복을 위해서만 권장됨(75, 76).
- 운동 전 BCAA 보충은 즉각적인 운동수행력 향상 효과는 없음(77).
- 장기적인 BCAA 과다 섭취는 좌식 생활을 하는 사람들에게 비만을 유발하고 노화를 가속화할 수 있음(78).

요약

BCAA는 류신, 이소류신, 발린을 포함하는 분지사슬아미노산을 지칭한다. 이 아미노산들은 병아리콩, 렌틸콩, 대두, 우유, 달걀, 닭 등의 식품에 풍부하게 함유되어 있다. 운동을 하는 사람들을 겨냥하는 상업적 BCAA 보충제는 일반적으로 인슐린 분비를 증가시켜 동화 반응을 최적화하기 위해 고탄수화물과 함께 배합되어 있다(79). 근단백질의 약 1/3이 BCAA로 구성되어 있으므로, BCAA 보충이 근육량 증가에 도움을 줄 것이라는 가능성이 제기되었다.

중강도 저항 운동의 경우 BCAA 보충(복용량: 255mg/kg/day)은 운동 후 근육 손상 지표를 낮춘다. 그러나 고강도 저항 운동의 경우는 BCAA 보충이 근육 손상 지표를 낮추는 것처럼 보이지 않는다(76). BCAA 보충 후 근육통을 유의하게 감소시키는 효과를 보여준 7개의 연구에서 통증 증상을 완전히 제거하지는 못했다. 모든 연구에서 일관된 결과가 나타난 것은 아니므로 주의해야 한다(76). 고도로 훈련된 운동선수의 경우, 운동 전에 BCAA를 보충(76kg 체중 기준 13g)해도 스프린트 운동수행력과 스프린트 후 근육통에 이점이 없었다(77).

BCAA는 운동을 하는 운동선수를 위해 설계된 것이지 좌식 생활을 하는 일반 성인을 위한 것이 아니다. BCAA의 성장 촉진 효과로 인해 운동 없이 BCAA를 섭취하면 체중이 증가하고, 비만을 초래할 수 있으며, 동물의 수명을 단축시킨다(78). 성장을 촉진하는 것이 필연적으로 노화를 가속화한다는 점을 명심해야 한다(61). 그러나 성장 촉진 영양소는 세포 사멸을 유도하는 손상(즉, 저항 운동, 체중 감소를 초래하는 질병)에서 회복하는 데 도움이 된다.

BCAA 보충제 섭취 권장사항

중강도 저항 운동을 수행하는 경우, BCAA 보충제는 운동 후 근손상 지표를 감소시키는 데 도움이 될 수 있다. 권장 섭취량은 체중 1kg당 하루 255mg이며, 운동 전과 후에 보충하는 것이 좋다.

제안

1. BCAA는 연습이나 경기 사이의 빠른 회복을 목표로 훈련을 하는 운동선수를 위해 설계되었다.
2. BCAA 복용량이 255mg/kg/day를 초과하면 운동으로 인한 근육통을 부분적으로 완화할 수 있지만, 고강도 저항 운동에는 해당되지 않는다.
3. 운동을 하지 않는 사람의 경우 BCAA를 과도하게 섭취하면 노화와 비만을 촉진할 수 있다.
4. 성장 촉진 영양소인 BCAA는 세포 사멸과 재생 사이의 균형을 이루는 데 사용될 수 있다.

BCAA 섭취원

많은 천연 단백질 식품에는 BCAA가 함유되어 있으므로, 균형 잡힌 식이만으로도 충분히 섭취할 수 있다. 한편, 전문적인 훈련을 받는 운동선수나 피트니스 참여자의 경우에는 BCAA 보충제를 활용하여 체력 회복을 더욱 빠르게 도울 수 있다.

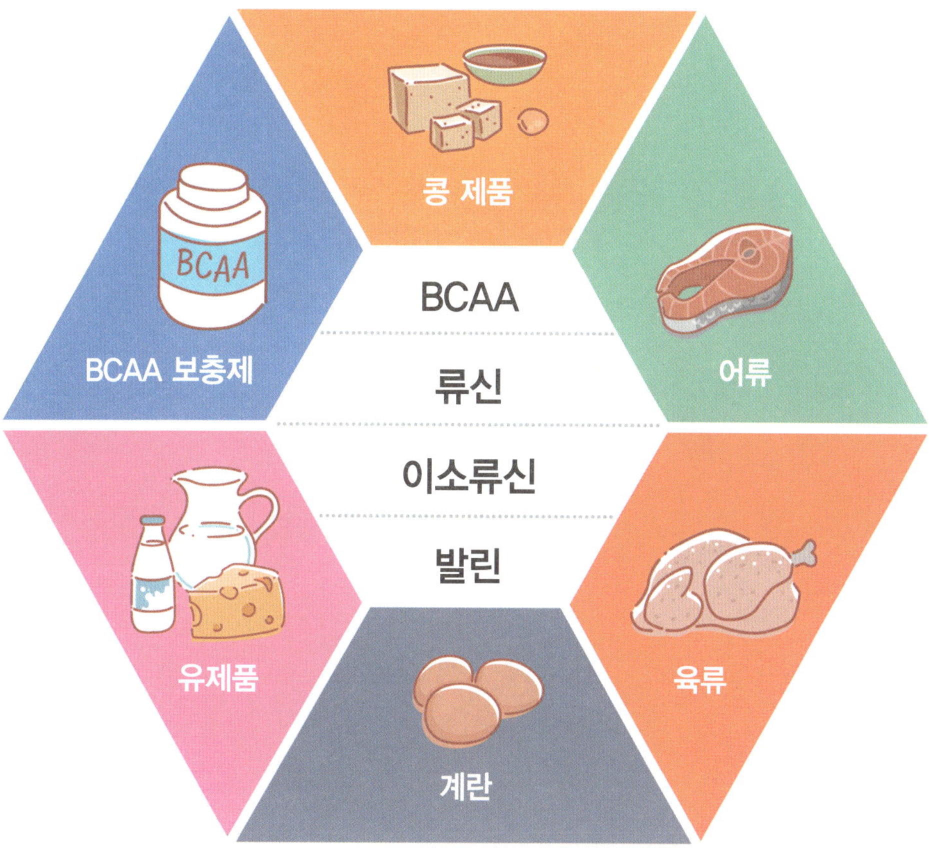

12 비건(vegan, 완전 채식주의) 운동선수를 위한 단백질 선택

PROTEIN OPTIONS FOR VEGAN ATHLETES

주요 내용

- 대두 함유 탄수화물 음료는 단백질 함량이 50% 적었음에도 불구하고 유청 단백질 함유 탄수화물 음료와 유사한 운동 회복 효능을 나타냈음(80).
- 남성 노인(65세)을 대상으로 한 연구에서 식물성 단백질 식이와 소고기 단백질 식이는 운동으로 인한 근육량과 근력 향상에서 비슷한 효과가 나타났음(81).
- 젊은 남성(26세)을 대상으로 한 연구에서 단백질 양을 맞춘 비건 식이와 혼합(동물성+식물성) 식이는 운동으로 인한 근육량과 근력 향상에서 비슷한 효과가 나타났음(82).
- 고단백질 섭취는 성인에서 종양 발생의 강한 위험 요인으로 작용하며, 동물성 단백질이 식물성 단백질보다 더 위험함(61).
- 채식주의자는 비타민 B12와 타우린을 매일 섭취하는 것을 권장함.

요약

비건 식이는 윤리적이고 환경친화적이기 때문에 노박 조코비치, 루이스 해밀턴, 스트롱맨인 패트릭 바부미안 같은 세계적인 운동선수들의 선택을 받으며 인기를 끌고 있다. 그럼에도 불구하고 여전히 "비건 식이가 운동 후 회복이나 근육량 증가에 부정적인 영향을 미칠까?"라는 의문이 제기된다. 간단히 대답하자면, "전혀 그렇지 않다." 잘 계획된 비건 식이는 모든 필수 아미노산을 제공할 수 있다는 사실을 고려하면 식물성 식품은 운동 후 근육 회복을 도울 수 있는 훌륭한 단백질 공급원을 제공한다.

> **"나이와 상관없이, 채식은 운동 트레이닝을 통한 체력 향상과 근육 증가 효과에 부정적인 영향을 미치지 않는다. 식물성 단백질은 필수 아미노산을 충분히 공급하여 운동 후 근육 재생을 돕는 데에도 충분하다."**

젊은 남성(26세)을 대상으로 한 2군 무작위 대조 시험에서는 12주간 저항 운동 프로그램 동안 순수 비건 식이 또는 혼합 식이를 섭취했다. 19명은 습관적 비건이었고, 19명은 잡식성이었다. 추가 단백질을 보충하여 습관적인 단백질 섭취량을 1.6g/kg/day로 맞추었다. 이 연구에서는 두 그룹 모두 12주 후 근육량과 근력에서 비슷한 증가가 나타났다(82). 노인 참여자(65세 남성)에서는 채식주의 식이(단백질의 절반 이상: 조직 대두 단백질로 0.6g/체중kg) 또는 비채식주의자에서 동일한 양의 소고기 단백질이 추가된 경우, 운동으로 인한 근육 크기와 근력이 비슷하게 개선되었다(81).

> **연구에 따르면, 고단백질 식이(총열량의 20% 이상)는 암 발생과 사망 위험을 약 4배 증가시킬 수 있다. 반면, 채식은 다양한 식물성 미량영양소를 제공하지만, 단백질 흡수율이 상대적으로 낮다. 따라서 발암 위험이 증가하는 중년층에게는 단백질 섭취를 제한하는 것이 암 예방에 도움이 될 수 있다.**

일반적으로 한 번의 유산소 운동은 24시간 이내에 유산소 운동 수행력을 개선하는 것으로 알려져 있다. 이틀 연속 두 번의 탈진적 고강도 사이클링(VO_2max의 85%)에서 회복을 관찰한 결과, 건강한 젊은 남성의 경우 단백질이 50% 적음에도 불구하고 운동 후 대두-탄수화물 음료(단백질 4.8g)가 유청-탄수화물(단백질 9.2g) 음료와 비슷한 수준의 피로 회복 효과를 제공하는 것으로 나타났다(80).

비건 식이의 장점은 폴리페놀 함량이 다양하고 단백질 흡수가 비교적 낮다는 것이다. 특히 암 예방을 위해 단백질 섭취를 제한하고자 하는 중년층의 체중 증가에 유용하다. 식이 단백질의 출처는 정상 세포와 더 높은 증식 능력을 가지는 돌연변이 세포(예: 종양)의 성장을 자극하는 데 우선순위가 없다는 점에 유의해야 한다. 즉, 과도한 단백질 섭취는 근육 성장뿐만 아니라 종양 성장도 동시에 촉진할 수 있다. 6,300명의 성인을 대상으로 한 18년간의 관찰 연구에 따르면, 단백질 섭취가 높은(20% 이상) 50~65세의 사람들은 모든 원인으로 인한 사망률이 75% 증가하고, 암 사망 위험은 4배 증가했다고 보고되었다. 동물 연구에서도 고단백질 식이(식이의 18%)가 저단백질 식이(식이의 4%)에 비해 종양 성장을 가속화하는 단백질과 종양 성장 간의 인과 관계가 확인되었다 (61). 자세한 내용은 단백질에 관한 이전 장을 참조하길 바란다. 따라서 중년의 채식주의자들은 암 예방을 위해서 보충적인 단백질 섭취를 조절하는 것이 중요하다.

고기는 비타민 B12와 타우린 같은 식이 영양소의 주요 공급원이다. 따라서 특히 규칙적인 운동을 하는 사람들에게는 비타민 B12와 타우린의 결핍을 예방하는 것이 필수적이다. 비타민 B12와 타우린에 대한 정기적인 평가를 강력히 권장한다.

제안

1. 비건은 운동 전에 5g 이상의 단백질이 함유된 대두-탄수화물 음료를 섭취하여 다음날까지 운동수행력 회복을 향상시킬 수 있다.
2. 저항 운동을 통해 근육량 증가와 근력을 최대화하려면 비건의 경우 훈련 당일 체중 1kg당 1.2g의 식물성 단백질이면 충분하다.
3. 필수 아미노산을 모두 섭취하려면 다양한 자연식품 공급원(대두, 완두콩, 녹두, 쌀, 렌틸콩, 호박씨, 브라질 너트, 치아시드 등)을 포함하는 것이 좋다.
4. 운동수행력을 최적화하고 노화를 늦추기 위해 식물성 단백질 섭취의 타이밍과 양을 조절하는 것이 좋다.
5. 식물성 단백질이 암 위험에 대해 동물성 단백질보다 약간 더 나은 결과를 보이지만, 전체적인 고단백질 섭취는 종양 발생을 자극할 수 있다.
6. 비건 운동선수에게는 비타민 B12 보충을 권장한다.

고령자의 채식 여부에 따른 근육 증가 효과

약 65세 노인을 대상으로 한 연구에서, 참여자를 혼식 그룹(육류 섭취)과 락토-오보 채식 그룹(유제품·계란 섭취)으로 나누어 12주간 저항 운동을 실시하였다. 훈련 후 컴퓨터 단층촬영(CT) 결과, 두 그룹 모두 대퇴 중간부 근육의 단면적이 증가하였으며, 증가 비율 또한 유사한 것으로 나타났다.

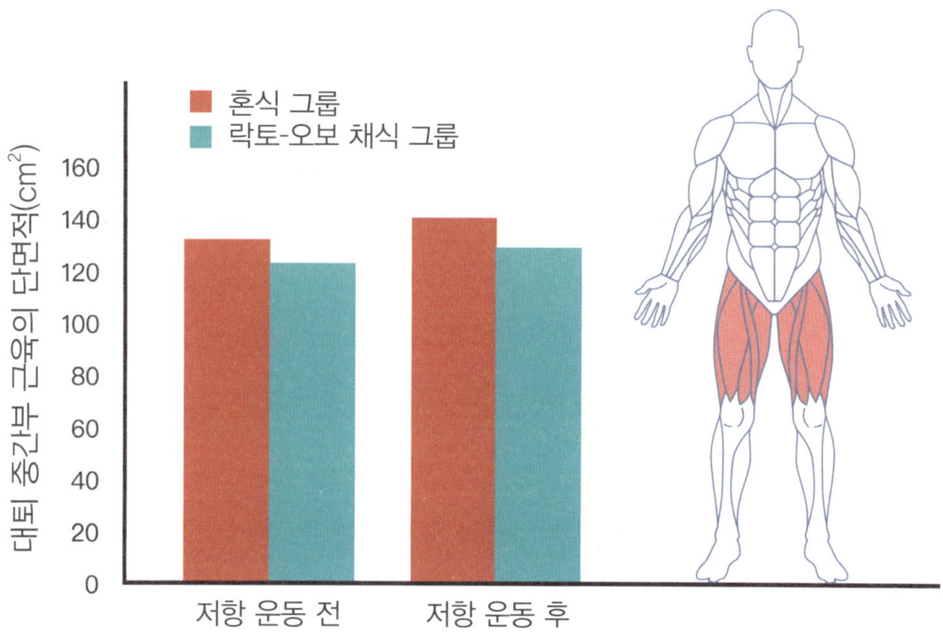

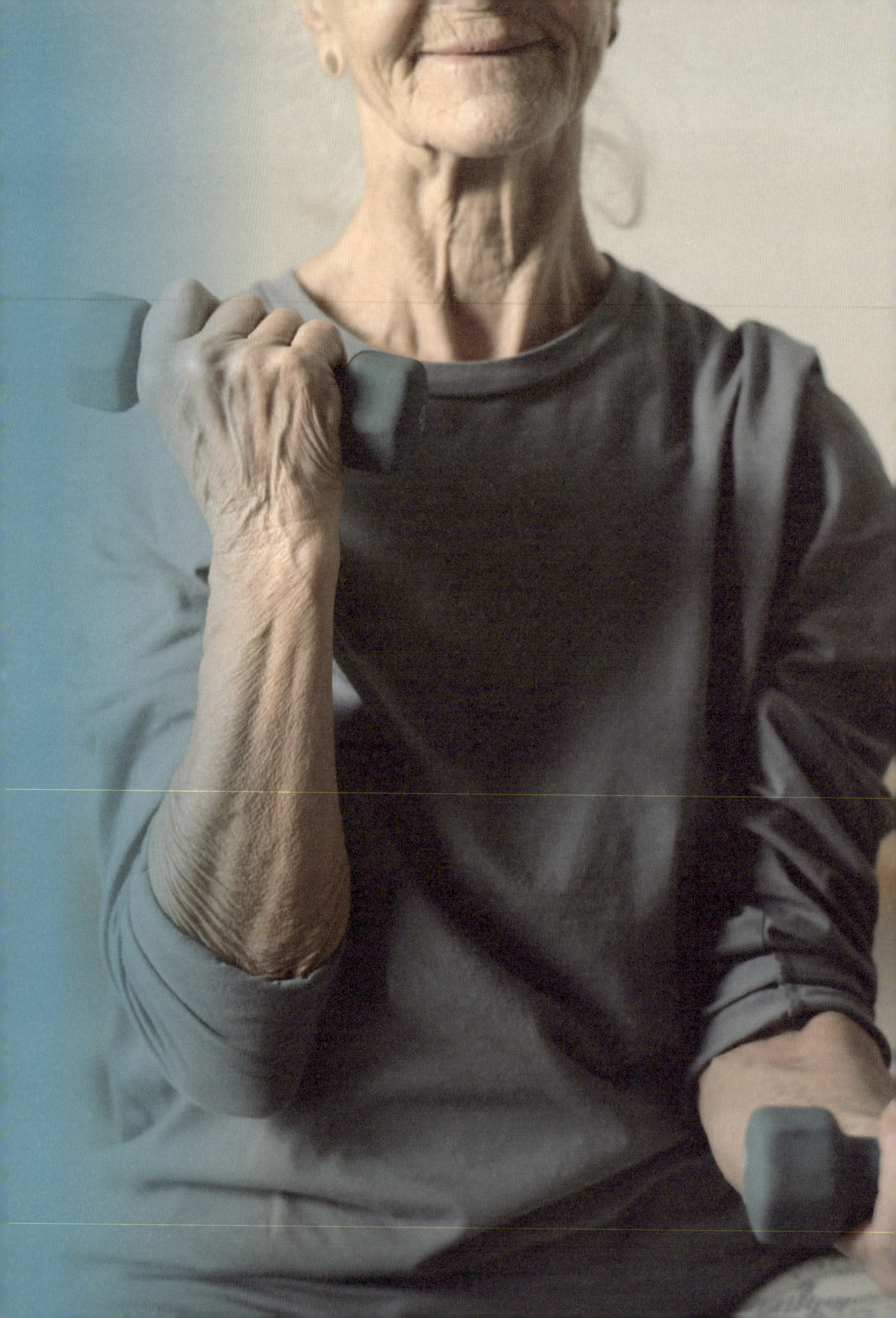

13 운동 없이 고단백질만으로는 근감소증을 예방할 수 없다.

HIGH PROTEIN ALONE WITHOUT TRAINING CANNOT PREVENT SARCOPENIA

주요 내용

- 고단백질 식이만으로는 80세 이상의 노쇠 노인에서 근감소증을 예방할 수 없음(83).
- 고강도 저항 운동은 대다수의 90대 노쇠 노인에게 근육량 증가와 근력 향상을 가져올 수 있음(84).
- 80세 이상의 노인의 경우 추가 단백질을 섭취해도 저항 운동으로 인한 근육량 증가에 추가 개선 효과는 없음(83).
- 74세 정도의 노인의 경우 운동 후 식사 시간이 지연되면 저항 운동으로 인한 근육량 증가가 나타나지 않음(73).

요약

근육량과 근력의 감소는 통칭 근감소증(sarcopenia)이라고 불리며, 이는 65세 이후 노년기에 흔히 나타나 삶의 질에 큰 영향을 미친다. 현재로서는 근감소증을 위한 약리학적 해결책은 없다. 근육은 단백질이 풍부한 조직이므로 일반적으로 단백질 보충이 노년기에 근감소증을 예방할 수 있다고 생각한다. 하지만 이 직관적인 가설은 과학적으로 증명되지 않았다. 대신, 운동은 노쇠한 근감소증 환자에서 근육량과 근력을 증가시킬 수 있는 유일한 생활 습관 중재로 남아 있다. 식이 단백질은 젊은 나이에 저항 운동으로 인한 근육량 증가를 촉진할 수 있지만, 나이가 들수록 이 효과는 급격히 감소한다(85, 86).

96세 이하의 요양원 거주 노쇠 노인을 대상으로 한 연구에서 8주간의 고강도 저항 운동 후 근육량(+9%)과 근력(+174%)이 유의하게 증가한 것으로 나타났다(84). 이 결과는 100명의 요양원 거주 노쇠 노인을 대상으로 점진적 저항 운동, 복합 영양소 보충, 두 가지 중재 모두 그리고 두 가지 모두 하지 않은 것을 비교한 4군 무작위 위약대조 시험에서도 확인되었다(83). 이 10주간의 중재 연구에는 63명의 여성과 37명의 남성(평균 나이 87세)이 참여했다. 그 결과, 운동 훈련 후 허벅지 근육 단면적은 2.7% 증가하고 근력은 113% 증가한 반면 운동을 하지 않은 사람들에서는 근육량이 조금 감소(−1.8%)했다. 추가 영양 보충제(단백질 18%, 300kcal)는 주요 결과에 영향을 미치지

근감소증 환자의 근육 증가 전략

근감소증을 개선하기 위해서는 고강도 저항 운동을 반드시 포함해야 하며, 운동 후에는 가능한 빨리 단백질 보충제를 섭취하여 근육 성장에 도움을 주는 것이 권장된다.

않았다. 두 연구를 종합하면, 고강도 저항 운동은 충분한 에너지를 섭취하는 고령의 노인에게 나이에 따른 근육 약화와 신체적 노쇠을 극복할 수 있는 실현 가능한 효과적인 방법임을 시사한다. 또한 체력에서 이러한 노화 방지 효과를 얻기 위해서는 단백질 보충보다는 운동의 역할이 훨씬 더 중요하다.

고령 남성이 근육을 증가시키고자 한다면, 저항 운동 후 즉시 단백질 보충제를 섭취하는 것이 권장된다. 섭취가 2시간 이상 지연될 경우 근육 증가 효과를 얻기 어렵다.

저항 운동과 관련하여 식사 시간은 주요 결과에 중요한 영향을 미친다. 한 연구에서는 74세 남성을 대상으로 저항 운동 기간 동안 단백질 보충제(액체 형태: 단백질 10g, 탄수화물 7g, 지방 3g)의 즉각적인 섭취와 지연된 섭취가 근비대와 근력에 미치는 영향을 조사했다. 그 결과, 단백질 보충제를 각 훈련 세션 후 2시간 지연하여 섭취한 경우 근육량 증가는 이루어지지 않았으며, 이는 자기공명영상(MRI)과 근육 조직 검사를 통해 평가되었다. 따라서 저항 운동 후 경구 단백질 보충제를 즉시 섭취하는 것이 남성 노인의 골격근 비대 발달에 중요하다(73).

제안

1. 노쇠한 노인의 개인차를 고려하여, 저항 운동 프로토콜을 권장하기 전에 최대근력 평가가 필요하다.

2. 근육량과 근력에서 유의한 결과를 얻을 수 있는 고강도 운동 프로토콜을 달성하려면 운동 강도를 점진적으로 증가시키는 것이 중요하다.
3. 충분한 열량 섭취는 필수적이지만, 노년기에 운동으로 근감소증을 되돌리기 위해 추가적인 단백질이 반드시 필요하지는 않다.
4. 노인 참여자들의 운동 중 부상을 예방하기 위해 전문 트레이너의 지도를 강력히 권장한다.

운동은 고령자의 근육 증가에 가장 효과적인 방법

평균 연령 87세의 노인을 대상으로 한 연구에 따르면 운동은 노년층의 근력 향상에 유의미한 영향을 미치는 것으로 나타났다. 반면, 고단백질(17%) 보충제는 뚜렷한 효과가 나타나지 않았다.

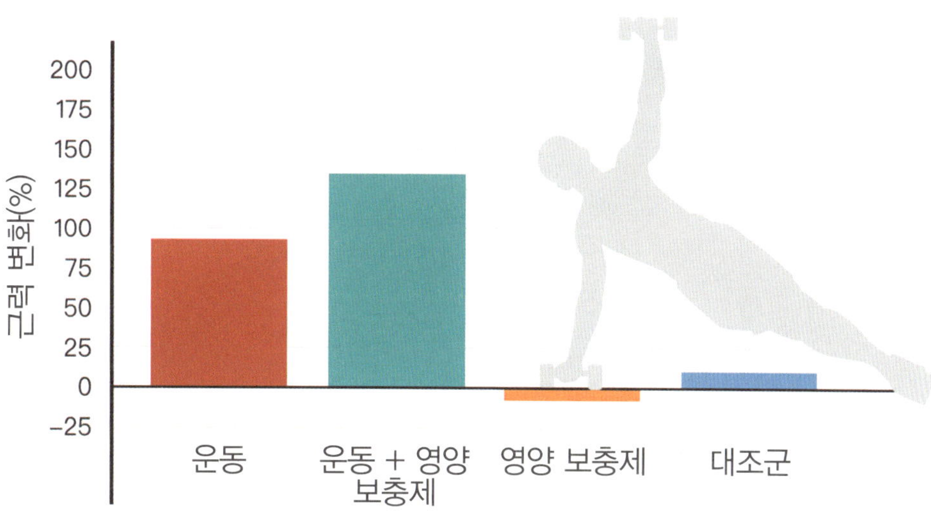

14 고전적 키토제닉 식이(ketogenic diet) vs 앳킨스 식이(Atkins's diet)

CLASSIC KETOGENIC DIET
VERSUS ATKINS'S DIET

주요 내용

- 고전적 키토제닉 식이는 체지방 감소에 효과적이나, 탄수화물 식이보다 인슐린 분비가 적어 골밀도 감소 위험이 있음.
- 앳킨스 식이는 키토제닉 효능은 낮지만 동물성 단백질 함량을 높인 변형된 저탄수화물 식이임.
- 앳킨스 식이는 건강하지 않으며, 고단백질 섭취로 인해 수명 단축의 위험이 증가됨.
- 두 식이 모두 최적의 운동수행력을 추구하는 지구성 운동선수에게는 권장하지 않음.
- 케톤 호흡은 저탄수화물 식이의 사회적 문제가 될 수 있음.

요약

저탄수화물 식이가 반드시 키토제닉 식이를 의미하는 것은 아니라는 점을 구별하는 것이 중요하다. 키토제닉 식이는 체지방 감소 효과로 최근에 주목을 받고 있다. 고전적 키토제닉 식이는 고지방(90%), 저탄수화물 및 저단백질(10%) 식이로, 원래는 간질 치료를 위해 사용되었다(87). 고전적 키토제닉 식이는 단백질 함량을 20~30%로 높인 앳킨스 식이와 큰 차이가 있다. 앳킨스 식이(심장학 박사 로버트 C. 앳킨스가 제안)는 앳킨스 박사가 개인적 건강 악화와 관련된 심장마비로 조기 사망(72세)한 사례가 보고된 후 빠르게 사라졌다.

영양적 케톤증은 일반적으로 안전하며, 인슐린 분비가 낮아져 혈액 내 케톤 농도가 0.5~3mM로 증가하는 식사 중재로 정의된다. 케톤 호흡은 저탄수화물 식이의 원치 않는 부작용으로(88), 사회 활동에 불편을 초래할 수 있다.

앳킨스 식이(Atkins's Diet)란?

앳킨스 식이는 저탄수화물·고단백질·고지방을 특징으로 하는 식사 방식으로, 체내가 지방을 에너지로 사용하도록 유도하는 것을 목표로 한다. 그러나 이러한 식사법의 효과는 과학적으로 충분히 입증되지 않았다.

고전적 키토제닉 식이(단백질 10%)는 고단백질 정상 식이(단백질 18%)와 고단백질-저탄수화물 식이(단백질 20%)에 비해 성인 쥐에서 약간 더 긴 수명을 나타냈으며, 이는 단백질을 낮게 유지할 경우 장기적으로 사용해도 상대적으로 안전하다는 것을 보여준다(89, 90). 또한 제9장에 언급된 25가지의 다양한 식이를 시험한 기하학적 프레임워크 연구에 따르면 가장 낮은 식이 단백질로 최대수명을 달성할 수 있음을 인지해야 한다. '고지방 식이'라고 주장했던 동물 연구들의 대부분은 고단백질(약 18%) 식이로 비만과 대사 질환을 초래한 경우였다.

> **동물 실험에서는 생애 전반에 걸쳐 단백질 섭취를 적게 할 경우 장기적으로 비교적 안전하다는 결과가 보고되었다. 또 다른 연구에서는 저단백질·고탄수화물 식이를 한 동물이 가장 오래 생존했으며, 지방 섭취량은 수명에 큰 영향을 미치지 않는 것으로 나타났다.**

앳킨스 식이는 저탄수화물 식이와 함께 동물성 단백질 섭취를 증가시키는 데 초점을 맞춘다. 종단 코호트 연구에서는 동물성(동물성 지방 및 단백질 공급원 강조) 혹은 식물성(식물성 지방 및 단백질 공급원 강조) 저탄수화물 식이를 섭취한 85,168명의 여성(26년 추적)과 45,548명의 남성(20년 추적)의 생존율을 조사했다(91). 저탄수화물 식이는 전반적인 사망률이 약간 증가(+12%)하는 것과 관련이 있는 것으로 나타났다. 특히 동물성 단백질의 저탄수화물 앳킨스 식이를 섭취한 남녀 모두에서 생존율이 특히 감소한 것으로 나타났다.

> **저탄수화물 식이를 섭취하면 '케톤 호흡'이라고 불리는 입 냄새 문제가 나타날 수 있으므로, 구강 청결을 유지하는 데 신경쓰는 것이 좋다.**

제안

1. 저탄수화물 키토제닉 식이를 설계할 때 가속 노화를 방지하기 위해 단백질 섭취를 증가시키지 않아야 한다.
2. 정상적인 사회적 삶을 위해 저탄수화물 다이어트로 인한 '케톤 호흡'을 피할 수 있는 해결책이 필요하다.

키토제닉 식이와 앳킨스 식이의 영양소 분포

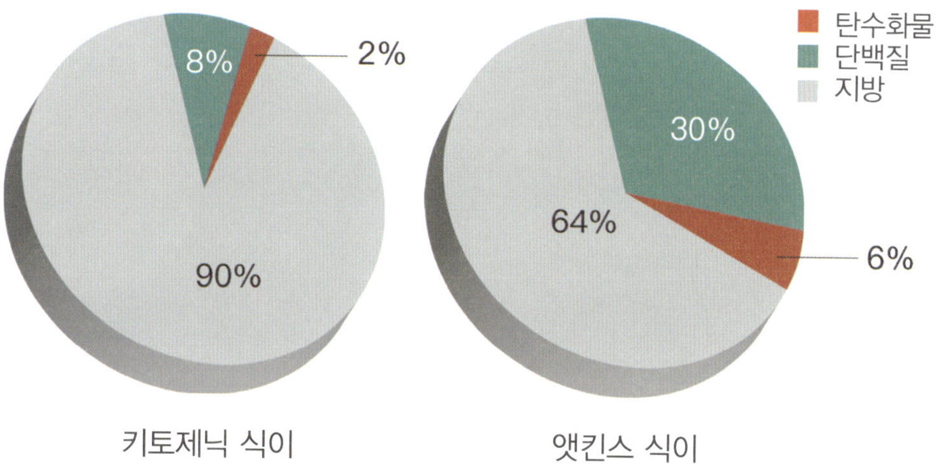

KETO

15 키토제닉 식이가 운동수행력에 미치는 영향

HOW KETOGENIC DIET AFFECTS EXERCISE PERFORMANCE

주요 내용

- 일부 운동선수들은 지방 산화 능력을 향상시키기 위해 키토제닉 식이를 시도하지만, 이 방법이 운동수행력 향상에 미치는 영향에 대한 근거는 미약함(92).
- 키토제닉 식이(고지방, 저탄수화물, 저단백질)는 체지방을 감소시키지만, 동시에 근글리코겐을 감소시키며 지구성 운동수행력 저하를 유발함(93).
- 키토제닉 식이에서 저탄수화물 섭취는 운동 후 글리코겐 보충을 감소시킴(94).
- 키토제닉 식이가 운동선수의 근력에는 영향을 미치지 않는 것으로 보이지만, 부상 후 근육 재생은 저해될 수 있음(95, 96).

요약

근글리코겐 저장은 지구력 운동수행력에 필수적이므로, 운동선수에게는 고탄수화물 섭취가 권장된다. 훈련을 위한 저탄수화물 키토제닉 식이의 목적은 지방 산화를 통한 ATP(adenosine triphosphate) 생산을 위해 지방을 동원하는 능력을 향상하여, 근글리코겐을 절약하려는 것이다. 에너지 기여 측면에서 지방은 중강도 운동(VO_2max의 65~75%)에서는 총에너지 요구량의 약 25%만을 공급할 수 있으며, 저강도 운동(VO_2max의 50%)에서는 에너지의 약 50%를 차지한다(97). 고지방 식이(총에너지의 53%)로 4주간 훈련한 지구성 운동선수들은 VO_2max의 50% 운동 강도에서 11% 증가된 지방 이용률을 유지할 수 있었으며(98), 이는 고지방 식이에 대한 적응 반응을 시사한다. 그러나 지구성 스포츠에서 운동수행력 수준이 이렇게 낮은 강도인 것은 드물다는 점을 고려해야 한다. 마라톤 선수들은 경기 2~3시간 동안 VO_2max의 75~85%를 유지하는 것으로 알려져 있다(99). 엘리트 운동선수들의 하프 마라톤 기록은 지방이 17%인 식이와 53%인 식이를 섭취했을 때 차이가 없었으며, 이는 장기간 적응 후 근글리코겐이 정상화된 것과 밀접한 관련이 있다(100).

키토제닉 식이(ketogenic Diet)란?

키토제닉 식이는 고지방·저단백질·초저탄수화물로 구성된 식사 방식으로, 탄수화물이 거의 공급되지 않는 상황에서 신체가 지방을 주요 에너지원으로 사용하도록 유도한다. 이 과정에서 케톤체(ketone)가 생성되므로 이를 '케톤식(생식요법)'이라고도 부른다.

> 키토제닉 식이는 중·저강도 운동에서의 지구력 향상에는 도움이 될 수 있으나, 마라톤과 같이 강도가 높은 지구력 경기에서는 뚜렷한 이점을 보이지 않는다.

> **근글리코겐은 지구력 운동 수행에 결정적인 에너지원이다. 운동 전 3일 동안 고탄수화물 식이(총열량의 90%)를 섭취한 사람은, 저탄수화물 식이(총열량의 5%)를 섭취한 사람보다 지구성 운동 수행력이 훨씬 뛰어나다.**

글리코겐 보충은 운동수행력에 있어 주요 관심사이다. 운동 시작 시 근글리코겐이 부족하면 마라톤이나 트라이애슬론과 같은 운동에서 지구성 운동수행력이 크게 저하될 수 있다. 훈련된 운동선수들을 대상으로 한 1939년 초기 연구(93)에서는 고탄수화물 식이(탄수화물 90%) 후 3~7일 동안 210분이었던 평균 운동 시간이 같은 기간 저탄수화물(탄수화물 5%)-고지방 식이 후에는 80분으로 감소했다. 또 다른 연구에서는 고지방 식이로 지구성 운동수행력(탈진 시간으로 측정)을 개선하기 위한 훈련 적응이 고탄수화물 식이와 비슷한 수준에 도달하기 위해서는 약 4주가 필요한 것으로 나타났다(101).

키토제닉 식이를 선택한 운동선수들에게 필요한 적응기간 동안 훈련 강도와 회복 시간의 감소도 고려해야 한다. 5일 이하의 단기 고지방 식이는 적응할 충분한 시간을 제공하지 않는다. 일반적으로 이 식습관에서 에너지 의존도가 변화하는 데는 4주 이상의 시간이 필요하다. 그러나 이 과정에서 근글리코겐 저장량은 40% 감소한다(92). 한 연구에서는 초저탄수화물 키토제닉 식이가 체급 스포츠에 참여하는 운동선수들의 근력에 미치는 영향을 조사했으며(96), 3개월의 중재 후 모든 근력 검사에서 키토제닉 식이와 전형적인 서구식 식이 간에 유의한 차이를 발견하지 못했다. 그러나 동물 연구에서는 케톤(β-하이드록시부티레이트) 또는 키토제닉 상태(예: 1일 단식)가 부상 후 근육 회복에 부정적 영향을 미치며, 위성세포를 깊은 휴지 상태로 전환시킨다는 보고가 있었다(95).

운동선수가 키토제닉 식이를 적용할 때의 한계

키토제닉 식이는 일반적으로 4주 이상의 적응 기간이 필요하며, 이 과정에서 근글리코겐 저장량이 약 40% 감소한다. 이는 근력 자체에는 큰 영향을 미치지 않지만, 근손상 후 회복 속도가 느려지기 때문에 훈련 후 회복 시간을 더 길게 가져가야 한다.

제안

1. 저탄수화물 키토제닉 식이는 고강도 지구성 운동에는 권장하지 않는다.
2. 저탄수화물 키토제닉 식이는 근력에 영향을 미치지 않는 것으로 보인다.
3. 더 나은 근육 재생을 위해 훈련 전에 키토제닉 상태(즉, 장기간 단식이나 케톤 에스테르 보충)를 피하는 것이 좋다. 장기간 단식 후에는 고강도 훈련 2시간 전, 적은 양의 단백질을 포함한 고탄수화물 식이를 섭취할 수 있다.

다양한 운동 강도에 사용되는 에너지원

연구에 따르면 VO_2max의 75%로 운동할 때 지방은 필요한 총에너지의 25%만 제공하는 반면, VO_2max의 55%의 낮은 강도로 운동할 때는 에너지의 약 50%가 지방에서 공급되는 것으로 나타났다.

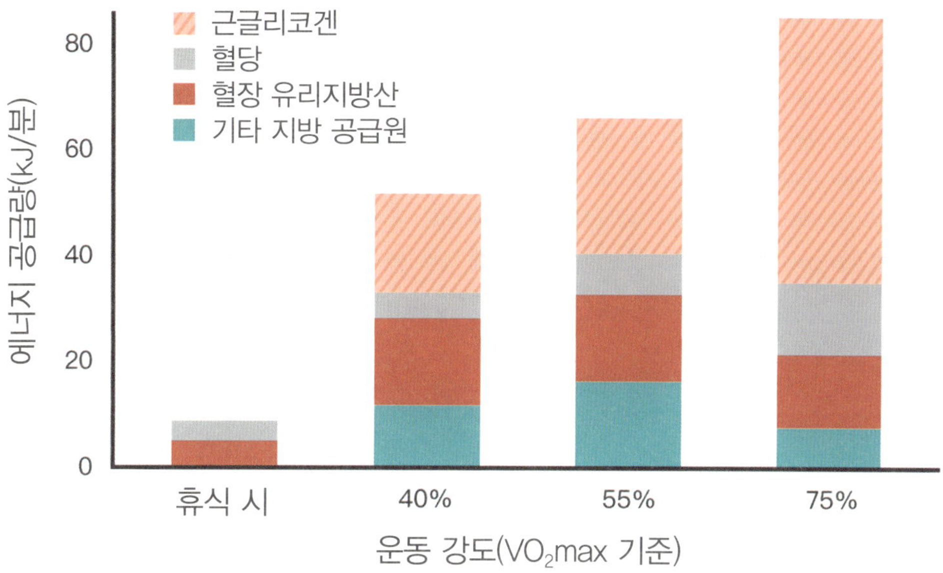

KETONE

16 케톤 에스테르(ketone esters)는 운동 중 연료 기질 이용을 변화시킬 수 있다.

KETONE ESTERS CAN ALTER FUEL SUBSTRATE UTILIZATION DURING EXERCISE

주요 내용

- 케톤체는 탄수화물과 지방보다 더 효율적인 에너지 연료원이 될 수 있음(102).
- 케톤은 근글리코겐과 젖산을 아끼면서 중강도 운동 중 ATP 생산을 위한 대체 연료 기질을 제공함(102).
- 급성 외인성 케톤체는 저강도에서 중강도의 유산소 운동 수행력을 약간 향상시킬 수 있지만(103), 고강도 운동에서는 효과가 없음(104).
- 운동 후 케톤 에스테르 섭취는 근글리코겐 회복을 촉진함(105).

요약

케톤체인 *d-β*-하이드록시부티레이트(*d-β*-hydroxybutyrate; *β*HB)와 아세토아세테이트(acetoacetate)는 탄수화물 제한 시 순환하는 지방산을 이용해 간에서 합성되는 4탄소 중간 생성물이다. 이들은 장기간 단식, 열량 제한 또는 탄수화물 공급 감소 시 신체가 사용하는 대체 연료이다(106). 골격근은 유산소 운동 중에 탄수화물과 지방을 에너지로 사용하며 ATP 생성을 위한 에너지를 추출하기 위해 복잡한 대사 과정을 거친다. 그러나 케톤은 탄소 수가 적어 골격근에서 효율적으로 대사될 수 있기에 포도당 이용을 절약할 수 있으므로 외인성 케톤 에스테르(acetoacetate diester and ketone monoester, 아세토아세트세이트 디에스테르와 케톤 모노에스테르)는 지구성 운동수행력 최적화를 위한 대체 연료로 밝혀졌다.

케톤체(Ketone)란?

사람은 장시간 금식하거나 열량을 제한하여 탄수화물 섭취가 부족해지면, 대체 에너지원으로 '케톤체'를 자연적으로 생성한다. 케톤체는 분자 크기가 작아 골격근에서 빠르게 활용될 수 있으며, 혈액 순환을 통해 전신의 다양한 기관에 에너지를 공급할 수 있다.

영양적 케톤은 내약성이 뛰어나며 순환하는 βHB 농도를 효과적으로 증가시킬 수 있다. 사이클 선수를 대상으로 저강도에서 중강도의 운동(최대파워의 25%, 50%, 75%) 중 운동수행력을 향상시키기 위한 다양한 용량의 케톤 모노에스테르(체중 1kg당 252mg vs 752mg)의 효과를 평가했다(102). 이 연구에서 βHB는 에너지 소비의 25%에 기여했다. 또 다른 연구는 운동 전 케톤 에스테르(체중 1kg당 573mg)를 섭취한 후 최대파워의 75%로 사이클링하는 운동선수를 대상으로 수행했다. 운동수행력이 대조 그룹에 비해 약 2% 향상되었다(103). 그러나 운동 전 케톤 에스테르 섭취(체중 1kg당 750mg) 후 혈장 βHB가 증가했음에도(약 73%) 불구하고 고강도 유산소 운동(15분 × 5회 간헐적 달리기 및 탈진까지의 셔틀런) 동안에는 유의한 에르고제닉(ergogenic, 운동수행력 향상) 효과가 나타나지 않았다(104).

그럼에도 불구하고, 케톤이 풍부한 음료의 급성 섭취는 잘 훈련된 운동선수들의 근글리코겐 회복을 향상시킬 수 있다(105). 이는 케톤 에스테르가 인슐린 수치를 두 배로 증가시켜 포도당 흡수를 촉진하기 때문이다. 그러나 이 결과는 동일한 열량 설계를 바탕으로 한 것이 아니므로 이 차이가 더 많은 탄소원의 섭취와 관련이 있는지 확인하기 위한 추가 연구가 필요하다.

제안

1. 장시간 중강도 운동을 할 경우, 573mg/kg의 케톤 모노에스테르와 탄수화물을 섭취하면 지구성 운동수행력이 약 2% 향상된다.
2. 고강도 운동에서 에르고제닉 효과는 나타나지 않았지만, 운동 후 케톤 에스테르와 탄수화물을 섭취하면 근글리코겐 회복이 약 50% 촉진된다.

3. 고용량의 케톤 보충제가 필요하고 대부분의 스포츠 경기가 고강도에서 이루어지므로, 운동선수에게 케톤 보충은 실용성이 낮다.

케톤 에스테르 섭취에 따른 운동수행 향상

한 연구에 따르면, 운동 전 케톤 에스테르를 섭취한 사이클 선수는 30분의 사이클링에서 비섭취 선수보다 평균 약 400m 더 긴 거리를 주행하였으며, 이는 약 2%의 운동수행력 향상에 해당한다.

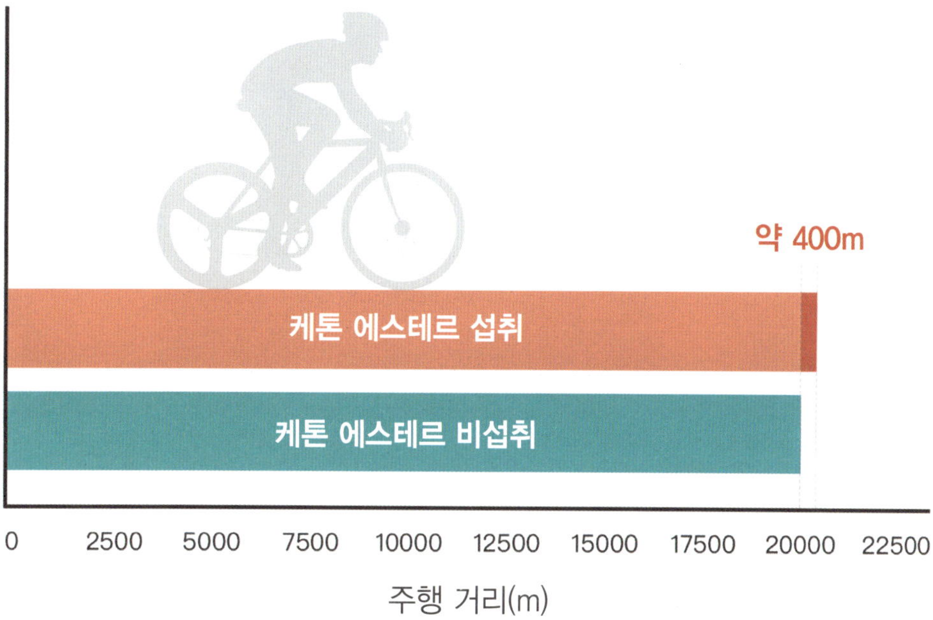

17

배변은 정신적 명료함과 운동수행력을 향상시킨다.

DEFECATION ENHANCES MENTAL CLARITY AND EXERCISE PERFORMANCE

주요 내용

- 뇌로 전달되는 혈중 산소는 고강도 운동을 지속하는 데 있어 제한 요소임(107).
- 자율신경계의 부담은 전전두엽과 혈액 공급을 두고 경쟁하게 되어 고강도 운동 시 운동수행력이 감소하게 됨.
- 배변은 전전두엽으로의 혈액 분포를 개선하여 운동수행력을 향상시킴(108).
- 마그네슘 섭취 후 장 청소가 자극되면서 운동 중 전전두엽으로의 혈액 관류가 증가하는 현상이 관찰되었음(109).
- 배변을 촉진하는 일부 프로바이오틱스(110)는 자율신경계 부담을 완화할 가능성이 있음(111).

요약

고강도 운동 중 뇌로의 산소 공급은 점진적으로 감소하며, 이는 운동 피로의 직접적인 원인이다(112). 근수축 시 전전두엽 피질 활성도가 상승하며, 이에 따라 충분한 혈류 및 산소 공급이 필요하다(107). 근육에서 운동 단위 동원의 양은 전전두엽 피질 활성 정도에 영향을 받는다. 따라서 다른 신체 부위로 충분한 혈액을 분산시키지 않고 뇌로 충분한 혈액을 공급하는 것은 운동수행력을 극대화하는 중요한 전략이다. 최근 트라이애슬론 선수들에서 뇌의 산소 공급이 운동 전 보다 약 5% 감소할 때 고강도 사이클링을 지속할 수 없다는 것을 발견했다(108). 게다가, 배변은 전전두엽으로의 혈액 관류를 증가시키고 고강도 운동 지속 시간을 연장시켰다. 직장은 뇌와 연결된 자율신경망의 밀도가 높다. 이는 운동 전 배변을 개선하는 데 어떤 종류

체력이 떨어지는 이유, 전전두엽의 저산소

고강도 운동 시, 뇌는 근육에 수축 명령을 내리면서 전전두엽 피질의 산소 소모량이 증가한다. 이때 산소 요구량이 커지는 반면 공급이 충분히 따라가지 못하면 전전두엽 피질에서 점차 저산소 상태가 발생하며 피로감을 느끼게 된다. 또한 직장(항문) 배변을 억제하는 뇌 영역이 과도하게 활성화될 경우, 이 부위가 전전두엽 피질과 혈류 공급을 경쟁하게 되어, 전전두엽의 산소 공급이 더욱 줄어들 수 있다.

의 영양 보충제가 활용될 수 있을지에 대한 새로운 질문을 제기한다.

마그네슘은 배변 개선을 위해 널리 사용되는 인기 있는 영양 보충제이다. 최근 무작위 교차 연구에 따르면, 트라이애슬론 선수들에서 마그네슘으로 유도된 배변 후 인지적 판단력이 뚜렷하게 개선되었고, 대부분의 선수들에서 지구성 운동수행력이 향상되었다. 그러나 일부 선수들은 유익한 효과에 반하는 배변 빈도의 증가를 경험하기도 했다. 이전 연구에서는 전날 저녁 산화 마그네슘을 섭취하여 다음 날 운동 전 배변을 도왔다. 2019년에 발표된 연구에서는 배변 규칙성을 개선하기 위해 28일 동안 산화 마그네슘을 보충했고, 대부분의 여성 참여자들에서 만성 변비 증상이 개선된 것으로 보고했다(113).

> **배변을 하면 자율신경계가 필요로 하는 혈액량이 줄어들어, 대뇌 전전두엽 피질로의 혈액 공급이 더욱 충분해지고, 그 결과 지구성 운동수행력이 향상될 수 있다.**

장내세균의 다양성을 변화시키는 것도 배변을 개선할 수 있는 잠재적 방법이다. 대변의 굳기는 종 다양성과는 음의 상관관계를 가지며, 박테로이데테스(Bacteroidetes):피르미쿠테스(Firmicutes) 비율과는 양의 상관관계를, 아커만시아(Akkermansia) 및 메타노브레비박

터(Methanobrevibacter)의 풍부함과는 연관이 있다(114). 이는 배변을 조절하는데 어떤 종류의 미생물 군집과 프로바이오틱스 보충제가 사용될 수 있는지에 대한 새로운 연구 영역을 열어준다. 프로바이오틱스와 프리바이오틱 섬유의 섭취를 통해 완전한 배변 횟수를 증가시키는 것으로 이 개념을 입증한 사례가 있다(111). 장내미생물에 관해서는 제25장 참조.

운동수행력 향상을 위한 배변 촉진 방법

산화 마그네슘은 배변을 촉진하는 데 널리 사용되는 영양 보충제로, 운동 전날부터 복용하는 것이 권장된다. 또한 프로바이오틱스 섭취를 통해 직장 내 미생물 다양성을 변화시키는 방법도 있으나, 배변 개선 효과는 개인차가 크며 더 많은 연구가 필요하다.

제안

1. 운동 전 90분 이내에 배변을 완료하면 운동수행력과 정신적 명료함이 향상된다.
2. 아침 배변을 돕기 위해 일일 200mg 이상의 마그네슘을 섭취한다.
3. 프로바이오틱스와 프리바이오틱 섬유의 섭취는 배변을 촉진하는 잠재적인 전략으로 유효할 수 있다.

프로바이오틱스 및 프리바이오틱 섬유 섭취에 의한 배변 촉진

프로바이오틱스

요구르트, 발효식품 또는 영양 보충제를 통해 섭취

프리바이오틱 섬유

프로바이오틱스의 먹이가 되며, 식이섬유가 풍부한 식품 또는 영양 보충제로 섭취

건강한 장

배변에 유익하며, 운동수행력 향상

ANTIOXIDANTS

18 운동수행력 향상 및 체형 개선을 위한 식물성 에스트로겐과 폴리페놀

PHYTO-ESTROGENS AND POLYPHENOLS FOR PERFORMANCE ENHANCEMENT AND BODY SHAPE

주요 내용

- 폴리페놀 프로파일(8000개 이상의 화합물)은 식품마다 매우 다양함.
- 일부 폴리페놀은 운동으로 인한 근손상으로부터 회복을 촉진함.
- 폴리페놀인 퀘르세틴의 섭취는 운동수행력을 약간 향상시킴.
- 레스베라트롤 보충은 유산소 훈련 적응을 저해함.
- 식물성 에스트로겐은 중년 여성에서 운동에 의한 지방 감소를 촉진할 수 있음.

요약

폴리페놀 화합물은 식물의 2차 대사산물로, 혈관 기능을 개선하고 혈류를 증가시키는 것으로 나타났다(115). 폴리페놀에 대한 대부분의 연구는 분리된 화합물을 사용하여 수행되었다. 식품 공급원에는 단일 항목에 대한 연구 결과에 영향을 줄 수 있는 여러 구성 요소가 있다. 폴리페놀 보충이 운동수행력에 미치는 효과는 폭넓은 연령대(18~70세)를 대상으로 한 메타분석을 통해 보고되었지만, 일부 변동성이 있었다. 하루 약 700mg 섭취 시 운동수행력 향상 효과가 보고되었다. 특히, 퀘르세틴은 연구된 폴리페놀 중 가장 많이 주목받았지만, 실제 효과는 매우 제한적이었다(116). 하루 700mg은 다크 초콜릿(약 200g), 녹차 250ml, 혼합 베리(블랙커런트, 딸기, 블랙베리)의 식이 섭취량에 해당한다. 폴리페놀의 에르고제닉 효과는 회복 촉진과 관련이 있다. 최근 발표된 메타분석에 따르면, 26개 연구의 종합 결과에서 플라보노이드 폴리페놀 처치가 혈중 크레아틴키나제 수준에는 영향을 미치지 않았음에도 불구하고 근력 회복은 약 7% 향상, 지연성 근육통

> **매일 700mg 이상의 폴리페놀을 섭취하면 전반적인 운동수행력이 소폭 향상될 수 있다. 그중 퀘르세틴은 체력 향상에, 플라보노이드는 근력 회복을 가속화하고 지연성 근육통(DOMS)을 약간 감소시키는 데 도움이 되는 것으로 보고된다.**

(delayed onset muscle soreness; DOMS)은 약 4% 감소시켰다(117). 두 연구 모두 운동 검사 전 최소 7일 동안의 섭취량을 살펴보았다.

모든 폴리페놀이 체력에 유익한 효과를 나타내는 것은 아니라는 것을 알아야 한다. 예를 들어, 레스베라트롤은 죽상동맥경화증을 감소시키고 심혈관 건강을 개선할 수 있는 폴리페놀이다. 그러나 한 인

간 연구에서는 매일 250mg의 트랜스-레스베라트롤을 8주 동안 섭취한 27명의 건강한 비활동적 노인(65세)에서 운동이 유산소 운동능력(VO_2max)에 미치는 유익한 효과가 감소했다(118).

일부 폴리페놀은 성호르몬과 유사한 화학 구조를 가진다. 나이에 따른 성호르몬 감소는 중년 여성의 비만 발생의 주요 원인 중 하나로 작용한다(118). 중년 여성(58세)의 경우, 6개월간의 운동으로 인한 체지방 감소 효과는 대두 식물성 에스트로겐을 보충한 여성에게서만 관찰되었다(이소플라본 17.5mg 또는 위약 캡슐, 하루 4회 섭취). 이 용량은 다이드제인 44mg, 글리시테인 16mg, 제니스테인 10mg이 포함된 하루 70mg의 이소플라본에 해당한다(119). 이 6개월의 운동 중재 연구에서 운동군은 제지방이 증가했지만, 좌식 생활의 대조 그룹은 증가하지 않았다.

제안

1. 운동 후 회복을 목표로 할 경우, 하루 약 700mg의 폴리페놀 보충을 권장한다.
2. 레스베라트롤 보충은 좌식 생활을 하는 사람에게는 심혈관 건강에 유익하지만, 유산소 운동능력의 훈련 효과를 감소시킨다.
3. 운동하는 날에는 레스베라트롤을 섭취하지 않는 것을 고려한다.
4. 퀘르세틴(하루 100mg)은 운동수행력을 소폭 향상시키는 폴리페놀로, 양파, 사과, 포도, 베리류, 브로콜리, 피망뿐만 아니라 녹차와 커피에도 함유되어 있다.
5. 대두 식물성 에스트로겐은 중년 비만 여성의 운동에서 지방 감소 효과를 향상시킨다.

19

운동수행력 향상을 위한 인삼 활용 방법

HOW TO USE GINSENG FOR PERFORMANCE ENHANCEMENT

주요 내용

- 인삼의 활성 성분은 계절과 토양에 따라 달라지며, 이는 연구 간 대사적 효과에 대한 결과가 일관되지 않은 이유를 설명함(120).
- 고용량 인삼 섭취는 면역자극 특성 때문에 피해야 함(121).
- Rg1은 골격근의 세포 노화를 감소시켜 인간의 운동수행력을 향상시키는 것으로 확인된 유일한 진세노사이드(ginsenoside)임(8).
- Rg1은 면역세포를 자극하여 노화세포를 제거함(8, 122, 123).
- 고강도 사이클링 운동 1시간 전에 Rg1을 섭취하면 지구성 운동수행력이 20% 증가함.
- 운동 전 Rg1 보충은 저항 운동 중 운동자각도(RPE)를 감소시킴(124).

요약

파낙스(Panax) 속(屬) 인삼은 전통 약재 중 가장 가치가 높으며, 수천 년 동안 여러 문화권에서 체력 향상을 위해 사용되어 왔다. 그러나 인삼의 활성 성분(진세노사이드)의 구성은 계절(120)과 종(125)에 따라 다를 수 있다. 진세노사이드 Rb1과 Rg1은 인삼의 주요 성분으로, 이들은 상반된 대사적 효과를 보인다(126, 127). 인삼 추출물 섭취가 탈진까지의 운동 시간에 미치는 효과를 평가한 메타분석 및 체계적 문헌고찰에서 인삼의 에르고제닉 효과를 확인했다(128). Rg1은 에르고제닉 효과가 입증된 유일한 진세노사이드로 알려져 있다(128).

타이베이 대학교의 연구에서는 운동 1시간 전에 복용한 Rg1 10mg의 효과를 조사했다. 사이클링 운동수행력(피로 시간으로 측정)은 20% 증가했지만, 유산소 운동능력(VO_2max)은 변화가 없었다(129). 이러한 향상은 작업 조직에서 노화세포를 제거하는 것과 관련이 있는 것으로 밝혀졌다(8). 인체 근육 조직 분석 결과, 중강도 유산소 운동에 참여한 12명 중 9명에서 노화세포가 완전히 제거된 것이 확인되었다. 조직 내 노화세포 제거는 운동수행력을 향상시키는 새로운 전략이다(130). 또 다른 연구에서는 저항 운동 후 Rg1의 세놀리틱 인삼 사포닌 Rg1은 체내의 노화 세포 제거에 도움이 되며, 운동 1시간 전에 10mg의 Rg1을 섭취하면 지구성 운동수행력이 약 20% 향상되는 것으로 보고된다. 또한 운동으로 인한 피로 감소에도 효과가 있다.

Photo by Priya Jaishanker

효과가 강화되었다고 보고했다(124). 이 연구에서 5mg의 Rg1을 스쿼트 운동 1시간 전에 섭취한 훈련된 남성들은 저항 운동 중 운동자각도(피로 척도)가 유의하게 감소했다. 이 결과는 에르고제닉 효과가 중추신경계(또는 뇌의 노화된 내피세포 제거를 통한 세놀리틱 효과)에 의해 부분적으로 매개될 수 있다는 추가적인 가능성을 열어준다. 그러나 이 가능성을 확인하기 위해서는 더 많은 연구가 필요하다.

노화세포를 인식하고 제거하기 위해서는 면역계의 포식작용이 필요하다. Rg1은 포식 면역세포를 활성화할 수 있다(122, 123). 따라서 이러한 세놀리틱 효과를 위해서는 근육 조직으로 포식세포와 Rg1을 전달하기 위한 근수축이 필수적이다. 다만, 인삼 추출물을 대량으로 섭취할 경우 과도한 면역 자극으로 인해 골수 공급원이 고갈될 수 있으므로 주의가 필요하다(121). 면역세포(노화세포 제거)와 조직 줄기세포(세포 재생)는 모두 골수 줄기세포에서 만들어진다.

제안

1. 운동 1시간 전 5~10mg의 진세노사이드 Rg1 섭취는 지구성 운동수행력을 향상시키고, 주관적 피로감을 감소시킨다.
2. 면역계의 과도한 자극을 방지하기 위해 고용량의 인삼 섭취는 피해야 한다.
3. 운동수행력 향상을 위한 인삼 보충은 에르고제닉 효과가 입증된 Rg1 함량을 기준으로 표준화할 필요가 있다.

20 동충하초 보충이 운동수행력을 향상시킬 수 있는가?

CAN CORDYCEPS SUPPLEMENTATION IMPROVE PERFORMANCE?

주요 내용

- 동충하초는 전통 중국 의학에서 폐 질환 치료에 사용됨(131, 132).
- 동충하초는 쥐를 대상으로 한 연구에서 수명을 약 10% 연장시킴(133).
- 급성 또는 만성 동충하초 보충은 유산소 운동수행력을 향상시키지 않음(134).
- 급성 동충하초 보충은 고강도 운동으로 인한 근육 염증 후 회복을 가속화함.
- 동충하초는 유산소 운동수행력을 향상시키는 다른 성분들과 함께 에르고제닉 보충제로 자주 사용됨(135, 136).

요약

동충하초는 특정 애벌레에 기생하는 균류의 일종으로, 만성폐쇄성폐질환을 포함한 폐의 만성 염증을 치료하는 데 수 세기 동안 사용되어 왔다(131). 동충하초는 염증을 유발하는 특성이 있음에도 불구하고, 염증성 질환 치료에 잠재적인 효능을 보이며 포유류의 다른 장기 기능에 명확한 독성 영향이 보고된 바 없다. 이러한 이유로 동충하초는 지구성 운동수행력 향상을 위해 스포츠 분야에서 인기를 얻고 있다. 그러나 운동 전 동충하초 보충이 인간의 지구성 운동수행력에 미치는 효과는 여전히 불확실하다.

운동 전 동충하초 보충은 최대산소섭취량의 120% 강도로 수행된 고강도 인터벌 훈련으로 인한 근육 염증을 완화할 수 있다. 그러나 운동 전 동충하초 보충은 무산소 및 유산소 운동수행력에는 영향

동충하초가 운동수행력에 미치는 이점

운동 전에 0.5g의 동충하초를 섭취하면, 고강도 운동 후 근손상 회복을 빠르게 하는 데 도움이 된다. 또한 동충하초를 버섯류나 홍경천과 함께 사용하면, 지구성 운동수행력 향상에도 긍정적인 효과가 있다.

을 미치지 않는다. 한 연구에서는 좌식 생활을 하는 젊은 성인을 대상으로 30초 윈게이트(Wingate) 검사를 실시했다. 동충하초 500mg을 전날 밤과 검사 1시간 전에 섭취했다. 두 번째 검사(첫 번째 검사 후 3시간)에서는 파워와 무산소 피로에 변화가 없었다. 또한 최대산소섭취량의 변화도 관찰되지 않았다.

장기간 동충하초 보충의 효과는 아직 일관되게 확인되지 않았다. 5주간 동충하초를 섭취했을 때(1일 3회, 하루 약 3.15g) 지구성 운동수행력은 증가하지 않았다(134). 그러나 동충하초를 버섯이나 홍경천(Rhodiola crenulate)과 같은 다른 성분들과 결합했을 때, 지구성 운동수행력이 향상되었다. 한 연구에서는 좌식 생활을 하는 젊은 성인을 대상으로 동충하초와 기타 성분이 포함된 버섯을 5주간 섭취했다(1일 3회, 하루 약 4g). 탈진까지의 운동 시간이 8.2% 증가했다(135). 또 다른 연구에서는 훈련된 참여자가 동충하초(하루 600mg)와 홍경천(하루 1,400mg)을 2주간 함께 섭취한 후 탈진까지의 운동 시간이 5.7% 증가한 것으로 나타났다(136).

제안

1. 고강도 운동 후 근육 회복을 가속화하려면 운동 전 약 1g의 동충하초를 보충해야 한다.
2. 항노화를 위해서는 체중 75kg 남성을 기준으로 하루 약 3g 섭취를 권장한다.
3. 동충하초는 좌식 생활을 하는 사람의 무산소 파워 및 유산소 운동 능력에 영향을 미치지 않는다.
4. 장기간 동충하초 보충은 홍경천과 결합할 때만 지구성 운동수행력을 향상시킨다.

21 젖산은 운동 피로의 원인이 아니다.

LACTATE IS NOT THE CAUSE OF EXERCISE FATIGUE

주요 내용

- 젖산 축적이 운동 피로의 원인이라는 이론은 상관관계를 인과관계로 오해한 결과임.
- 젖산은 글리코겐의 무산소 대사에서 생성되며, 운동수행력을 지원하는 유용한 에너지원임.
- 운동 전 탄수화물 보충은 고단백질/고지방 식이보다 운동으로 인한 젖산 축적을 더 많이 증가시키지만, 지구력은 더 향상됨.
- 운동 후 피로감은 젖산 축적이 아닌 근손상으로 인한 근육 염증과 주로 관련이 있음.

요약

1920년대부터 70년대까지 젖산 축적이 운동 중 피로와 지연성 근육통(DOMS)의 원인이라는 이론이 널리 받아들여졌다. 그러나 현대 과학은 젖산이 지구성 운동 중 피로나 DOMS의 원인일 가능성이 낮다는 것을 입증했다. 이 잘못된 이론의 기원은 1922년 노벨상을 수상한 독일 과학자 마이어호프(Otto Meyerhof)와 영국 과학자 힐(A. V. Hill)의 과학적 결과를 잘못 해석한 데에서 비롯되었다. 마이어호프는 전기적 자극을 받은 개구리 다리의 수축 근육이 산소가 없는 상태에서 글리코겐으로부터 젖산을 생성한다는 것을 보여주었다(137). 반복적인 자극 후 근육은 빨리 피로해지고(수축이 멈춤) 산성도가 증가했다. 근피로의 조기 발생과 젖산 축적 사이의 상관관계 결과는 50년 이상 인과관계에 대한 잘못된 해석을 초래했다. 이 이론은 유사한 체외(*ex vivo*) 근수축 연구(138)에 의해 잘못된 것으로 밝혀졌다. 이 연구에서 젖산 농도 증가는 골격근의 수축 능력을 억제하지 않았다. 대신 다양한 pH에서 근육을 젖산과 함께 배양했을 때 근력 향상이 관찰되었다. 20mmol의 젖산나트륨(sodium lactate, 내부 pH를 산성화), 12mmol의 젖산나트륨 + 8mmol의 젖산(근육 활동 중 pH 변화를 모방) 그리고 20mmol의 젖산(외부 pH를 내부 pH보다 더 산성화)에서 정상 근육 및 근육 과사용 상태를 나타내는 칼륨이 억제된 근육을 관찰했다.

젖산 축적은 근육통의 원인이 아니다!

90분간의 지구성 운동에서 젖산 축적의 최고치는 초기 20분에 나타나며, 이후 근글리코겐이 점차 고갈되면서 젖산 농도는 감소한다. 그러나 피로가 발생한 시점은 90분 이후로, 이는 젖산 축적이 근육통의 원인이 아니라는 사실을 보여준다. 또 다른 연구에서는 근육 과사용을 모사한 조건에서 젖산을 추가하자 오히려 근육 수축 시간이 증가하고 피로가 늦게 발생하는 결과가 나타났다.

젖산-피로 이론에 반대되는 체내 연구의 증거가 1970년 이전에 이미 보고되었다. 1967년 헤르만센(Hermansen) 등은 최대운동량의

77% 강도로 유지하는 지구성 운동의 초기 20분 동안 젖산이 최고조에 달한 후 나머지 70분 동안 감소하는 것을 발견했다(139). 만약 젖산 축적이 피로의 원인이라면 운동은 20분 내에 중단되었을 것이다. 같은 연구 그룹은 지구성 운동 중 피로의 주요 원인이 근글리코겐 고갈임을 확인했다(69). 이 맥락에서 지방산과 아미노산이 아닌 글리코겐이 젖산의 주요 공급원이라는 점을 유념해야 한다. 다른 연구에서는 운동수행력 검사 3시간 전에 섭취한 세 가지 식이 보충제 조건(운동 3시간 전 섭취)을 비교했다. 세 가지 조건은 1) 탄수화물 식사 + 포도당 음료, 2) 탄수화물 식사 + 물, 3) 식사 없음 + 물이다. 이 연구는 탄수화물이 포함된 식사가 운동 중 가장 높은 혈중 젖산 농도를 생성하면서도 더 긴 운동 시간을 기록했음을 보여주었다(식이 1: 125분, 식이 2: 111분, 식이 3: 103분)(140). 특히, 가장 낮은 혈중 젖산을 생성한 보충제는 고지방/저탄수화물 식이였으며, 이는 가장 낮은 지구성 운동수행력을 나타냈다(141).

> **운동 3시간 전과 운동 중에 고탄수화물 식품을 섭취하면 젖산 축적이 증가하여, 지구성 운동수행력 향상에 도움이 될 수 있다.**

DOMS는 젖산 축적이 아니라 근육 손상에 따른 염증반응으로 발생한다. DOMS는 일반적으로 운동 후 48시간 이후에 나타난다. 반면 운동으로 증가한 젖산은 90분 내에 운동 전 수준으로 돌아간다(142). 따라서 젖산은 운동 2일 후 근육통의 원인이 될 수 없다. 근글리코겐 결핍은 순환계로 IL-6가 더 많이 방출되며 염증을 유발한다(143). 결론적으로 젖산은 근수축을 위한 중요한 연료이며(144), 젖산 축적은 골격근의 수축력을 저해하지 않는다. 오히려 젖산 생성을 촉진하는 영양 보충제는 지구성 운동수행력 향상에 도움을 줄 수 있다.

제안

1. 운동 중 젖산 농도는 근글리코겐에서 유래된 포도당의 무산소 대사의 지표로 간주되어야 한다.
2. 운동 피로는 글리코겐 고갈과 근육 손상으로 인한 염증에 의해 발생한다.

젖산과 운동 피로의 관계

한 연구에서, 참여자들은 세 그룹으로 나누어 식사 3시간 후 달리기 운동을 수행하였다. 고탄수화물·고젖산 식이를 섭취한 그룹은 혈중 젖산 농도의 증가가 가장 컸으며, 운동 피로는 125분에 발생하였다. 고탄수화물·중젖산 식이 그룹은 젖산 증가 정도가 그보다 낮았고, 운동 피로는 111분에 발생하였다. 반면, 위약으로 구성된 저젖산 식이 그룹은 젖산 농도 증가가 가장 적었으며, 운동 피로는 103분에 가장 빨리 나타났다. 즉, 젖산 생성량을 증가시키는 식이가 운동 피로를 가장 효과적으로 지연시키는 것으로 나타났다.

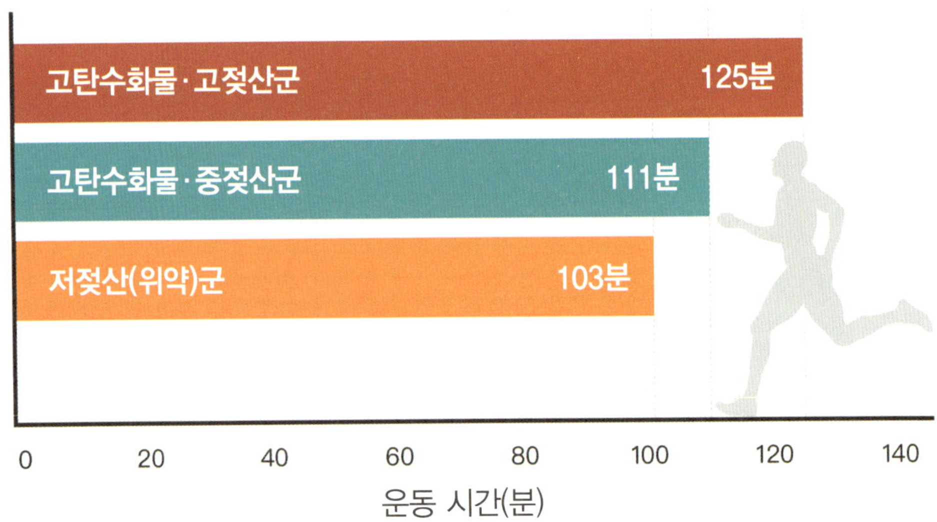

Note

BODYBODYSTEPPUMP

22 더운 환경에서 수분 공급이 없는 스포츠 경기는 생명을 위협할 수 있다.

SPORTS COMPETITION IN HOT ENVIRONMENT CAN BE LIFETHREATENING WITHOUT HYDRATION

주요 내용

- 열 축적(고체온증)은 지구성 운동수행력을 크게 저하시킴(145).
- 고체온증은 뇌 혈류를 감소시켜 원치 않는 신경 손상을 일으킴(146).
- 발한으로 인한 탈수(혈액량 감소)는 심장과 뇌에 영향을 미침(145).
- 주변 온도가 21°C를 넘으면 발한량이 급격히 증가함(147).
- 해양 심층수의 미네랄과 미량 원소는 운동 중 뇌 혈류를 개선함(148).

요약

수분 공급은 스포츠 영양학에서 가장 핵심적인 요소로 간주된다. 인체는 약 70%가 물로 구성되어 있다. 장시간 운동 중 심부 체온이 상승하면 탈수와 고체온증으로 인해 탈진을 경험하게 된다. 이는 세포 단백질 구조를 변성시켜 생명 위협으로 이어질 수 있다. 발한은 운동 중 열을 방출하기 위한 주요 기전이지만(145), 탈수로 인한 혈장량 감소는 지구성 운동수행력을 직접적으로 저하시키며 심장에 부담을 준다(149). 이는 주로 심실로 유입되는 혈액의 전부하(preload) 감소(감소된 1회 박출량)와 관련이 있다. 이를 보상하기 위해 심박수가 증가하여 운동 중 증가된 대사 요구량을 유지하면서 줄어든 혈액의 환류량을 보상하고자 한다. 이러한 체온조절 기전은 적절한 수분 공급이 이루어지지 않을 때, 즉 8시간의 수면 후 또는 장시간 운동 후에 제대로 작동하지 않는다. 탈수 상태(체중의 4.9% 감소)에서의 운동은 1회 박출량을 25% 이상 감소시킨다(150).

더운 환경에서 스포츠 경기를 하는 동안 가장 중요한 목표는 뇌와 심장을 보호하는 것이다. 운동으로 심부 체온이 상승하면 피부, 뇌, 운동 근육 간의 혈액 경쟁이 발생한다. 이 가혹한 상황은 더운 환경에서 운동할 때 더욱 악화된다. 인간의 뇌는 약 80%가 물로 이루어져 있다. 그러나 높은 온도(40°C)에서 장시간 운동하면 뇌로의 혈액 공급이 25% 이상 감소한다(146). 이는 체열 발산을 위해 뇌보다 피부

로의 혈액 공급이 우선됨을 의미한다. 차가운 음료를 통한 수분 보충은 생명을 위협하는 스트레스를 부분적으로만 완화할 수 있다(151).

기온 상승에 따른 운동수행력 감소

더운 환경 또는 장시간 운동으로 인해 심부 체온이 상승하면, 체내는 고열로 인해 세포 단백질 구조가 손상되어 생명에 위험이 생기는 것을 막기 위해 땀 분비를 통한 체열 방출 기전을 활성화한다. 그러나 이 과정에서 혈액이 피부 표면으로 집중되고, 과도한 발한으로 탈수가 진행되면 심장과 뇌로 되돌아오는 혈액량이 감소한다. 그 결과 운동 중 필요한 대사 요구를 충족하기 위해 심박수가 더 빨리 증가하게 된다. 심장에 가해지는 부담이 커질수록 피로를 더 빨리 느끼게 되고, 이는 결국 지구력 운동수행력 저하로 이어진다.

스포츠 음료에는 세포 외 공간(예: 혈장 나트륨), 세포 내 공간(예: 칼륨), 뇌척수액(예: 다양한 미네랄 및 미량 원소)에 수분을 유지하기 위해 미네랄과 미량 원소가 포함되어야 한다. 순수한 물을 단독 섭취하면 배뇨 빈도가 증가하므로 수분 보충에 최적의 선택은 아니다. 운동 후 수분 보충은 충분한 나트륨 농도에서 3~6시간이 필요하다. 염화나트륨이 없을 경우 순수한 물을 섭취하여 이 시간 내에 완전한 수분 보충을 이룰 수 없다(152). 또한 포도당-전해질 음료로 인한 인슐린 방출은 신장의 나트륨 잔류를 증가시킬 수 있다(153, 154).

회복 시간이 제한된 두 경기 사이(준결승에서 결승)에 참여하는 운동선수들에게는 수분 보충 전략이 운동수행력의 최적화를 위해 중요하다. 탈수는 운동 전후 체중을 측정하여 추정할 수 있는데, 체중 감소는 단기간 내 체액 손실과 대략적으로 동일하다(1kg은 1리터의 체액에 해당). 완전한 수분 보충을 위해서는 6시간 이내에 손실된 체액의 1.5~2배의 음료를 섭취해야 한다.

미네랄과 미량 원소는 수분 유지에 필수적이지만, 수분 보충을 위한 미네랄과 미량 원소의 다양성에 대한 이해는 생리적 기능에 미치는 미량 원소의 가치를 정확하게 측정할 수 없는 현재의 기술로 인해 크게 제한된다는 점을 유념해야 한다. 이런 점에서, 다양한 미네랄과 미량 원소를 포함한 수분 공급원을 섭취하는 것이 권장될 수 있다. 예를 들어 해수는 중추신경계의 뇌척수액과 진화적으로 호환되는 공

더운 환경에서의 운동 대응 방안

운동 중에는 체열이 증가하므로, 차가운 스포츠 음료를 섭취하여 체온을 낮추는 것이 권장된다. 스포츠 음료에 포함된 전해질과 탄수화물은 체내 수분 유지에 도움을 준다. 또한 해양 미네랄과 미량 원소는 운동 시 뇌로 가는 혈액 공급을 증가시키고, 운동 후 피로 회복을 가속화하는 효과가 있는 것으로 알려져 있다.

급원으로 간주된다(155). 근수축 동안 정맥혈에서 뇌로 유입되는 뇌척수액이 증가한다(156). 심해의 미네랄과 미량 원소는 젊은 남성과 중년 남성의 신체적 자극과 운동 후 회복 과정에서 뇌의 혈역학적 반응을 증가시킨다(148). 해양 심층수는 표층 해양수보다 상대적으로 다양한 생물학적 구성을 유지할 수 있으므로 뇌척수액 보충에 더 적합할 수 있다. 생합성에 필요한 영양소가 표층 해양수에서의 광합성으로 인해 고갈될 수 있다. 운동 중 뇌 보호에 대한 이해를 강화하기 위해서는 더 많은 연구가 필요하다.

"운동 전후의 체중 변화를 측정하면 신체의 탈수 상태를 바로 확인할 수 있다. 운동 중 손실된 체액의 1.5~2배에 해당하는 염분을 함유한 수분을 섭취해야, 약 6시간 이내에 운동 전의 체수분 상태로 완전히 회복할 수 있다."

제안

1. 스포츠 경기나 운동 전에는 숙면 후 수분 보충이 우선적으로 이루어져야 한다.
2. 미네랄과 포도당은 수분 유지를 돕는다(152, 157).
3. 나트륨은 배뇨를 감소시키고 갈증을 증가시켜 운동 후 수분 보충을 강화한다(152).
4. 운동 중 땀 손실보다 많은 양의 음료를 섭취하여 충분한 나트륨(소금)으로 체액 균형을 회복해야 한다(158).
5. 해양 심층수의 미네랄은 탈수에 인한 피로 회복을 촉진한다(159).
6. 차가운 음료는 심부 체온 상승을 완화하고 지구성 운동수행력을 향상시키는 데 좋은 선택이다(160).

고온 환경에서의 운동과 탈수

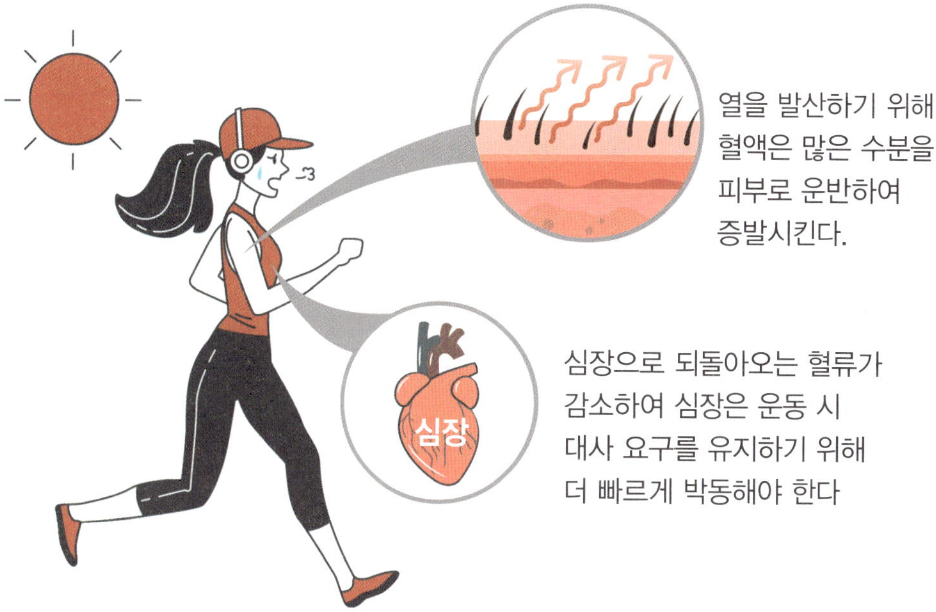

고온 환경의 운동 선수

23 메트포르민은 노화에서 운동의 이점을 억제한다.

METFORMIN INHIBITS EXERCISE TRAINING BENEFITS IN HUMAN AGING

주요 내용

- 운동과 메트포르민 모두 제2형 당뇨병 환자에게 항노화 효과를 제공함.
- 메트포르민은 근육량과 근력을 증가시키는 저항 운동의 효과를 억제함.
- 메트포르민은 인슐린 감수성과 유산소 운동능력을 개선시키는 유산소 운동의 효과를 억제함(161).
- 인슐린이 동화 호르몬인 것과 달리, 메트포르민은 위장관의 영양소 흡수를 억제하여 이화 작용을 함(162).
- 의도치 않은 체중 감소는 근감소증의 주요 특징이므로, 노년기에 이러한 체중 감소를 유도하는 치료는 피해야 함.

요약

운동과 메트포르민은 모두 제2형 당뇨병 환자의 항노화와 전체 사망률 감소에 기여한다(163). 메트포르민은 설사와 복부 불편감과 같은 위장관 부작용에도 불구하고, 음식의 장내 영양소 흡수를 감소시키기 위해 복용하는 제2형 당뇨병의 1차 치료제이다(164). 이 치료법은 제2형 당뇨병 환자의 심혈관 질환 및 암 발생률을 낮추는 데에 열량 제한 모방 효과가 있는 것으로 나타났다(165). 인슐린이 글리코겐 저장과 단백질 합성에서 동화 작용을 하는 것과 달리, 메트포르민은 체중 감소를 유발하는 이화 작용을 한다(166).

메트포르민은 약 69세의 참여자에서 저항 운동으로 유도된 근비대를 억제할 수 있으며, 이는 위장관 불편감으로 인한 소화 불량과 관련이 있을 수 있다(167). 무작위 대조 시험에서 참여자들은 저항성 운동 시작 전 2주간의 약물 또는 위약 복용 기간을 거쳤다. 메트포르민 그룹에 무작위 배정된 참여자(54명)는 첫 7일은 매일 850mg 알약을, 남은 기간은 매일 2개의 알약(1,700mg)을 복용했다. 14주간의 저항 운동은 leg press, knee extension, body weight squat(점차 split squat로 진행), calf press, chest press, lat pull down, biceps curl, triceps press down으로 구성되었다(월요일과 금요일, 10RM으로 8~12회 반복하여 3세트). 수요일에는 저항 부하를 약 30% 줄이

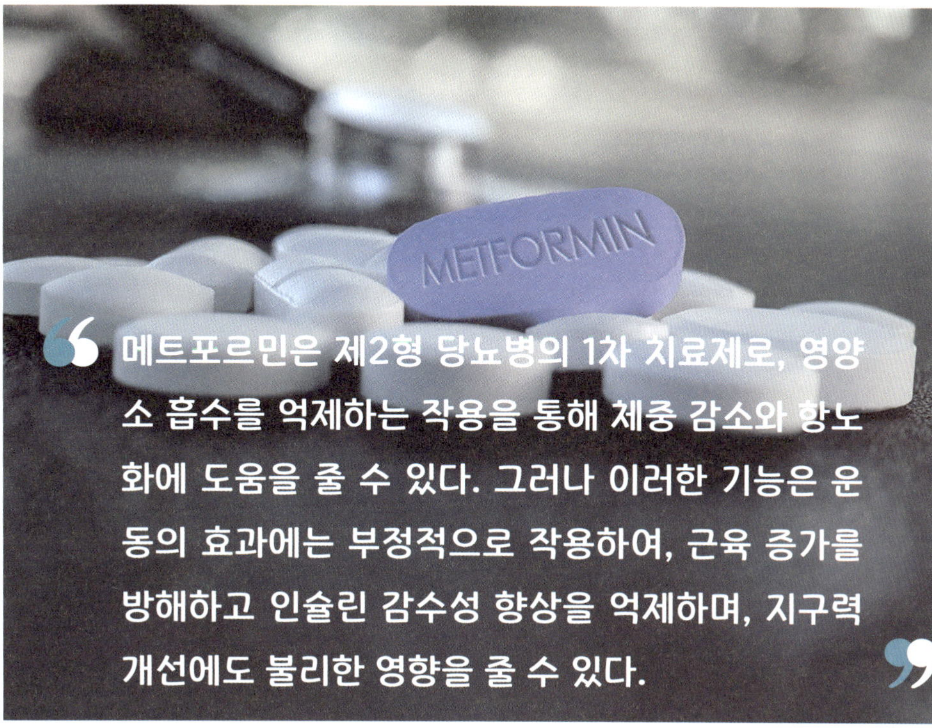

> 메트포르민은 제2형 당뇨병의 1차 치료제로, 영양소 흡수를 억제하는 작용을 통해 체중 감소와 항노화에 도움을 줄 수 있다. 그러나 이러한 기능은 운동의 효과에는 부정적으로 작용하여, 근육 증가를 방해하고 인슐린 감수성 향상을 억제하며, 지구력 개선에도 불리한 영향을 줄 수 있다.

고 폭발적인 파워 향상을 위해 제어된 신장성 부하를 가하면서 빠른 단축성 수축으로 운동했다. 메트포르민을 복용하지 않은 65세 이상의 남성과 여성(55명)은 14주간의 운동 프로그램으로 근육량과 근력이 유의하게 증가했다. 하지만 메트포르민 그룹은 이러한 증가가 억제되었다.

메트포르민은 유산소 운동능력, 전신 인슐린 감수성 그리고 미토콘드리아 적응에 대한 유산소 운동의 이점을 감소시켰다(트레드밀, 사이클, 일립티컬 머신 사용)(161). 12주간의 유산소성 트레이닝 연구에서 62세 정도의 좌식 생활을 하는 건강한 성인 53명을 이중맹검 방법을 통해 단백질 보충의 유무와 상관없이 메트포르민 또는 위약 그룹으로 무작위 배정했다. 메트포르민 복용량은 첫 주에 하루 500mg로 시작하여 매주 500mg씩 증가했으며, 4주 차에 하루 2,000mg(1,000mg씩 하루 두 번)이 되었다. 체중이 75kg 미만인 참여자(5명)는 하루 최대 1,500mg을 복용했다. 하루 1,500mg을 복용하는 참여자는 아침에 500mg, 저녁에 1,000mg을 복용하도록 했다. 유산소 운동 동안 모든 참여자는 지도하에 주 3회, 회당 45분의 운동 프로그램을 완료했다. 운동 강도는 5주 차까지 최대심박수의 65%에서 85%로 증가했다. 위약 그룹에서 관찰된 유산소 운동능력(VO_2max)과 전신 인슐린 감수성의 개선은 메트포르민 그룹에서는 나타나지 않았다.

결론적으로 운동의 세놀리틱 효과에 따라 인체를 젊어지게 하기 위해서 영양 흡수는 필수적이다. 따라서 의학적으로 안전하다면, 영양 섭취나 재흡수를 낮추는 메트포르민과 같은 약물은 운동 전후에는 피해야 한다.

제안

1. 저항 운동을 통해 근육량을 늘리고자 하는 근감소성 당뇨병 환자의 경우, 운동 당일에 메트포르민을 인슐린으로 대체할 수 있다. 이 경우 환자는 의사와 상의해야 한다.
2. 체중을 일정하게 유지하는 것은 생존에 중요하다. 인슐린은 체중을 증가시키고 메트포르민은 체중을 감소시킨다(신체 상태에 따라 음과 양을 조절할 수 있음).
3. 메트포르민은 체중 증가가 더 큰 문제인 중년의 좌식 생활 비만 환자에게 가장 적합할 수 있다.

24 항노화 기능성 영양 보충제

ANTI-AGING NUTRACEUTICAL SUPPLEMENTS

주요 내용

- 타우린(taurine) 수치는 나이가 들어감에 따라 감소하며, 고용량 타우린 보충은 동물의 수명을 18~25% 연장시킴.
- 근형성 보충제인 알파-케토글루타레이트(alpha-ketoglutarate)는 쥐의 수명을 소폭 연장시키고 나이와 관련된 노쇠를 완화하며 체모의 질을 개선함(168).
- 피세틴(fisetin)과 다사티닙-퀘르세틴(dasatinib plus quercetin; D+Q)은 쥐의 생애 마지막 분기 동안 사용하면 수명을 연장하는 세놀리틱제임(169).
- 레스베라트롤(resveratrol)과 니코틴아미드 모노뉴클레오티드(nicotinamide mononucleotide; NMN)(또는 니코틴아미드 리보사이드, nicotinamide riboside; NR)는 유망한 분자적 데이터가 풍부함에도 불구하고 정상적으로 노화하는 포유류에서의 수명 연장 효과에 대한 증거는 없음.
- 무작위 대조 연구를 수행하는 데 어려움이 있어 인간에게 동등한 수명 연장 효능을 나타낸 기능성 영양 보충제는 없음.

요약

타우린(170), 알파-케토글루타레이트(168), 피세틴(171), 다사티닙-퀘르세틴(dasatinib plus quercetin; D+Q)(169), 레스베라트롤(172), 스페르미딘(spermidine)(173) 등 항노화 효과를 주장하는 다양한 기능성 영양 보충제가 식이 보충제 시장에 등장했다. 이들의 항노화 효능을 면밀히 조사하기에 앞서, 항노화 효과를 평가하는 표준은 분자적 지표의 변화가 아닌 건강수명(장수+활력)이라는 점을 알아야 한다.

타우린 보충은 쥐의 건강수명을 증가시키는 것으로 보고되었다. 타우린은 준필수 아미노산으로 간주되지만 단백질에 포함되지는 않는다. 포유류에서 타우린은 심장, 망막, 골격근, 뇌 그리고 백혈구에 가장 많이 존재한다. 60세에서 순환 타우린 수치는 정상적인 젊은 사람에 비해 약 80% 낮다(174). 고용량 타우린 보충(500~1000mg/kg/day)을 중년기에 시작했을 때 암컷 쥐의 수명을 18~25% 연장시켰다(174). 타우린을 먹인 쥐는 성별에 관계없이 먹이지 않은 쥐보다 근지구력과 근력이 높았다. 체지방은 용량 의존적으로 감소했다. 암컷 쥐에서 타우린은 면역 체계를 강화하여 우울증 및 불안과 관련된 행동을 감소시켰다. 또한 타우린을 먹인 중년 쥐는 골강도, 근육, 췌장, 뇌, 지방, 장 및 면역 체계의 기능이 개선되었으며 전반적인 건강수명이 증가한 것으로 나타났다. 인간 노화 연구의 대부분은 관찰 연구이기에 타우린 섭취와 건강수명 간의 인과관계를 설명할 수 없다.

알파-케토글루타레이트는 근형성 보충제로 운동선수들 사이에서 널리 사용된다. 칼슘 알파-케토글루타레이트 보충제는 중년기에 섭취를 시작한 쥐에서 대단한 정도는 아니나 수명을 약 20% 연장시키는 것으로 나타났다. 그러나 같은 쥐에서 이 대사물은 노쇠를 억제하고 탈모를 예방하며 체모를 더 윤기 있게 만들고 젊어 보이게 했다(168). 칼슘 알파-케토글루타레이트가 트레드밀에서의 운동수행력을 개선하지는 못했다. 혈장 알파-케토글루타레이트 수치는 나이가 들어감에 따라 점진적으로 감소한다. 운동은 혈장 알파-케토글루타레이트 수치를 증가시킬 수 있다. 동물 연구에서는 알파-케토글루타레이트 경구 섭취를 통해 순환 알파-케토글루타레이트를 증가시키면 근비대, 갈색 지방 조직의 열생성, 백색 지방 조직의 지방 분해가 증가하는 것으로 나타났다(175). 알파-케토글루타레이트 스포츠 보충제에는 보통 아르기닌이 함께 들어 있으며, 이는 유산소 운동수행력과 체지방에 영향을 미치지 않지만 무산소 파워와 근력에 도움을 줄 수 있다(176).

세놀리틱 보충제는 노화세포를 제거하여 인간의 건강을 개선하려는 새로운 접근 방식이다. 자연적으로 노화된 쥐에게 D+Q 세놀리틱 보충제를 간헐적으로 경구 투여한 결과, 신체적 기능 장애가 완화되었고 생애 마지막 1/3 동안 치료 후의 생존율이 36% 증가한 것으로 나타났다(169). 플라보노이드 패널 중 피세틴은 시험관 내 여러 세포 유형에서 비교적 더 높은 세놀리틱 효과를 나타냈으며, 생애 마지막

1/3 동안 투여된 경우 쥐에서 강력한 항노화 효과를 보였다(171). 체중 증가가 더 큰 문제인 청년기에 세놀리틱 보충제를 투여했을 때 수명을 연장할 수 있는지 여부는 아직 알려지지 않았다. 조직을 젊게 만드는 모든 중재는 노화된 조직보다 영양 추출 능력이 뛰어나 성장을 촉진할 수 있다. 크기가 커지면 노화도 빨라진다. 운동은 효과적인 세놀리틱 방법이다. 따라서 보충제는 주로 좌식 생활을 하는 고령자에게 적합할 것이다.

레스베라트롤, 니코틴아미드 모노뉴클레오티드(nicotinamide mononucleotide; NMN), 스페르미딘은 세계적으로 인기 있는 영양 보충제이다. 그러나 레스베라트롤 보충의 수명 연장 효과가 확인되지 않았다(177). 포유류에서 NAD+ 수치를 높이는 것으로 알려진 니코틴아미드 리보사이드(nicotinamide riboside; NR)와 NMN 같은 화합물은 NR의 경우와 같이 수명 연장 결과를 얻는 데 재현성 문제에 직면하거나(178, 179), NMN을 먹인 수컷 데이터는 제외하고 암컷 쥐에서만 8.5%의 개선이 관찰되는 등 최소한의 효과만 보인다(180). 레스베라트롤은 에너지 섭취가 과도한 쥐에서만 수명을 연장할 수 있다. 따라서 이는 쥐의 생애 첫 3분기 동안 영양 흡수를 차단하고(즉, 열량 제한) 성장을 방지하는 효과와 관련이 있을 가능성이 크다. 이러한 이점은 메트포르민과 어느 정도 유사하다. 레스베라트롤 보충은 비만 환자의 체중을 유의하게 감소시켰다(181). 그러나 운동 후 세포 재생을 위해서는 영양 공급이 필요하기 때문에 운동 중에는 레스베라트롤과 메트포르민 모두 권장되지 않는다. 스페르미딘(정액 및 일부 음식에 존재)도 인기 있는 항노화 보충제이다. 장기적인 스페르미딘 보충은 뇌에서 자가포식을 향상시키고 중년 쥐의 불안을 감소시킨다. 그러나 스페르미딘이 중년 쥐의 수명을 연장하지는 못했다(173).

> **전 세계에는 많은 항노화 영양 보충제가 알려져 있지만, 그중 일부만이 동물 실험에서 섭취 시 쥐의 수명을 연장하는 효과가 보고되었다. 그러나 인간을 대상으로 한 전 생애 장기 실험은 현실적으로 매우 어렵기 때문에, 현재까지 어떠한 항노화 영양 보충제도 인간의 수명을 증가시킨다는 장기 연구 증거는 없다.**

노화 관련 신호 경로에 유망한 증거가 있음에도 불구하고 앞서 언급한 항노화 보충제 중 어느 것도 열량 제한이나 단백질 제한을 한 포유류와 비교할 만한 수명 연장 효과를 보이지 못한다는 점은 주목할 만하다. 소형 포유류에서 열량 제한은 제한하지 않은 식이 대비 65%의 열량을 줄였을 때 거의 100%의 수명 연장이 가능하다(182). 종양이나 면역세포 소실과 같은 노화 합병증도 지연된다. 기하학적 프레임워크 연구에 따르면 열량 제한 효과는 단백질 섭취 감소에 의해 매개되는 것으로 나타나며(62), 이는 성장이 노화를 가속화한다는 것을 시사한다. 이 결과는 장수와 젊음이 대부분 비유전적 요인에 의해 결정된다는 것을 분명히 나타낸다(2). 수명은 체중 증가와 감소 기간의 합이다(총세포 수 반영). 생애 첫 3분기 동안 과도한 체중 증가를 억제하거나 생애 마지막 분기 동안 체중 감소를 방지할 수 있는 보충제는 항노화를 위한 중재 전략으로 유망한 후보이다.

전신 세포 수의 증가로 나타나는 '성장 촉진'은 노화를 유발하는 근본 원인이다. 따라서 열량 섭취를 줄이고, 성장 촉진에 관여하는 단백질의 과다 섭취를 제한하면 수명 연장에 도움이 될 수 있다. 또한 젊을 때는 체중을 일정하게 유지하고, 중년 이후에는 체중 증가를 억제하며, 운동과 영양 조절을 통해 신체를 더 젊은 상태로 유지하는 것이 권장된다.

제안

1. 체중 75kg인 사람의 경우, 3~6g의 타우린은 건강수명을 연장하는 데 도움이 될 수 있다(동물 연구에서 12.3배의 알로스테릭 변환 적용).
2. 알파-케토글루타레이트는 보통 아르기닌과 혼합되어 근력 향상을 위한 저항 운동과 함께 사용된다(4g씩 하루 3회, 총 12g 복용).
3. 열량 제한 모방 효과(예: 레스베라트롤)를 가진 영양 보충제는 운동 훈련과 함께 섭취하는 것을 피해야 한다.
4. 피세틴과 다사티닙-퀘르세틴 같은 세놀리틱 보충제는 간헐적 사용을 권장한다. 그러나 고강도 운동도 세놀리틱 효과를 낼 수 있다.
5. 현존하는 항노화 보충제 중 어느 것도 열량 제한이나 단백질 제한과 같은 성장 억제 중재와 비교할 만한 수명 연장 효과를 보이지 못했다.
6. 모든 노화 방지 요법에서 세포 사멸과 재생의 균형을 유지하여 정적 체중을 조절하는 것은 다세포 생명의 견고함을 유지하는 데 필수적이다. 평균 세포 연령을 젊게 유지하기 위해서는 2~3일에 한 번 고강도 운동 또는 저항 운동을 수행할 것을 권장한다.

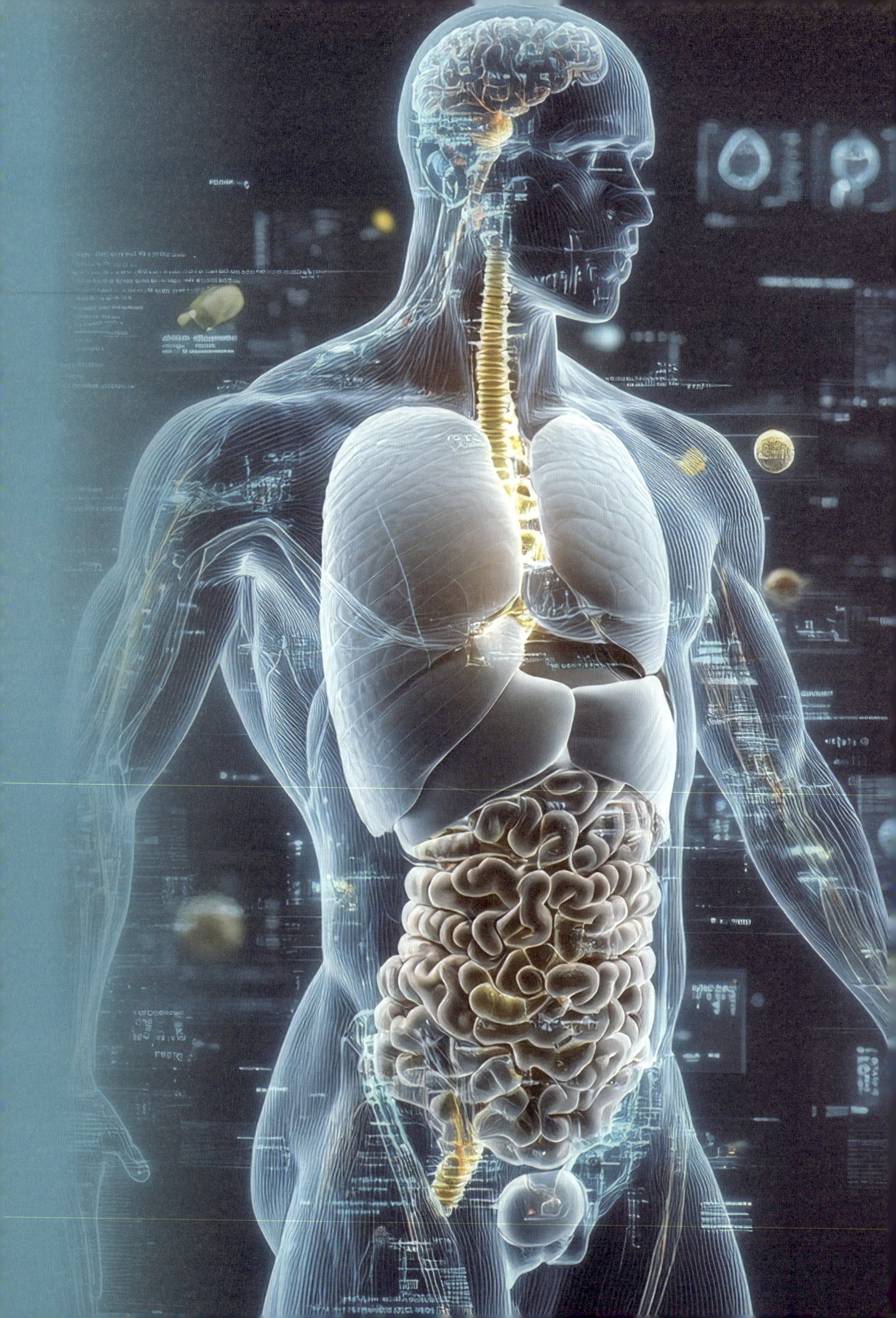

25 장내미생물 상태와 운동은 서로 밀접하게 영향을 주고받는다. 여기에 프로바이오틱스의 활용은 도움이 되나?

THE INTERPLAY BETWEEN GUT MICROBIOTA AND EXERCISE: THE ROLE OF PROBIOTICS

주요 내용

- 충분한 신체활동은 장내미생물 상태를 건강에 좋은 방향으로 전환시킴.
- 균형 잡힌 식이, 특히 충분한 식이섬유의 섭취는 운동에 의한 장내미생물에의 긍정적 영향에 우선함.
- 좋은 장내미생물 상태는 지구력 향상, 고강도 운동 후 염증 반응의 감소, 면역력 증강을 포함한 피로회복 등에 영향을 줄 수 있음.
- 프로바이오틱스와 같은 인위적 미생물 제품이 일관된 긍정적 결과를 가져오지는 않음.
- 우리는 아직 장내미생물과 운동능력 및 건강의 상호 작용에 대한 보다 세부적이고 깊은 연구와 이해가 필요함.

요약

인체를 구성하는 세포 수의 최대 10배 정도인 장내미생물의 상태가 우리의 건강과 밀접한 연관을 갖는다는 것은 매우 자연스러운 현상이다. 그러나 이에 대한 연구와 이해는 다른 생명과학 영역의 주제들에 비해서 매우 뒤늦게 진행되고 있다. 그 이유는 너무나 방대한 수와 최소 천 종이 넘는 미생물군의 유전적 특성을 구분하고 특정해 내는 것이 너무 복잡하고 어려웠기 때문이다. 그러나 21세기에 접어들면서 anaerobic culture technic, NGS(next generation sequencing), bioinformatics 등의 발달과 최근 AI까지 활용되면서 NIH(National Institutes of Health)가 주도하는 Human Genome Project와 같은 거대 연구프로젝트가 진행되고 있다. 그 결과, 인간과 함께 하는 미생물에 대한 정보가 넘쳐나고, 십수 년 전부터는 운동과학의 영역에서도 장내미생물 관련 연구가 시작되어 건강과 신체활동은 물론 운동기능에 관한 매우 의미 있고 실용적인 연구 결과들이 생산되고 있다.

장내미생물 상태에 영향을 주는 요인은 매우 많다. 식이, 주거 환경, 나이 등이 있고, 신체활동의 영향도 확인되었다. 인위적인 요인으로는 항생제, 출생 방법이 장내미생물 상태에 직접적인 영향을 준다. 그렇다면 어떤 상태가 좋은 것인가? 일단 미생물군의 다양성이 높고 수가 많은 것이 바람직한 상태(eubiosis)이고 그 반대 상황을 안 좋은 상태(dysbiosis)로 볼 수 있다. 미생물에 대한 연구가 제대로 이루어지기 전인 20세기까지만 해도 미생물은 병원균이고 가능하면 피해야 하는 것으로 인식되고 있었다. 항생제 복용, 멸균 소독을 통한 위생을 추구했다. 사실 인간에게 유해한 세균(병원균이라 부른다)은 매우 적다. 오히려 상상도 못했던 도움을 소화와 면역과 같은 생리조절 과정에 필수적인 역할을 한다. 예를 들면 섭취한 음식에서 15%에 가까운 열량과 영양소는 장내미생물이 작용해야 흡수 가능해진다. 그러나 현대 생활환경과 초가공식품의 범람, 그리고 항생제의 남용 등은 인류의 장내미생물 상태를 dysbiosis로 변화시켜 가고 있으며, 이것이 수 많은 현대병의 직간접적인 요인으로 작동한다고 여겨진다. 따라서 지난 20여년 사이에 장내미생물 관련 인위적 간섭 방법의 하나인 프로바이오틱스 제품이 쏟아져 나오고 있는 상황이다(183~185).

운동은 장내미생물과 아주 밀접하게 상호 영향을 주고받는다. 충분한 신체활동을 하는 사람들은 그렇지 못한 사람들에 비해서 eubiosis 상태의 장내미생물 상태를 보여준다. 이에 대해서는 많은 동물실험에서 먼저 확인되었으며, 이어서 운동선수들을 대상으로 한 연구에서도 확인되었다(186). 최근에는 운동을 통한 장내미생물 상태의 개선과 좋아진 장내미생물 상태가 운동기능은 물론 운동선수들의 특히 장 건강을 비롯한 건강상태에 긍정적인 영향을 주는 것이 확인되고 있다(187). 나아가서 장과 뇌가 근육과 상호 밀접한 생화학적 소통을 하면서 운동을 지속하고자 하는 의지에까지 정적 신호가 작동한다는 가능성이 검토되고 있다(188). 물론 장내미생물 상태 개선을 위한 수많은 기능성 소재나 제품들이 개발 출시되고 있어, 이들의 효능과 활용에 대한 연구 역시 활발하여, 다양한 가능성을 제시하고 있다.

결론적으로 운동과 장내미생물의 관계는 이전에 생각했던 것보다 훨씬 밀접하며, 뇌를 중심으로 한 중추신경계통과도 가깝게 연결되어 있음은 분명하다. 하지만 인위적으로 간섭하고 처방하기 위해서는 아직 확인되어야 할 사항들이 매우 많다. 특히 운동의 방법(190), 특정 미생물의 선택과 처치 방법, 운동기능 및 건강과의 관계에 있어서 '모든 상황에 일관되게 적용되는 방법(one-size-fits-all)은 없다'는 사실은 분명하다(191, 192). 현재 시장에 소개되고 있는 제품들을 테스트해보는 것도 나쁘지는 않지만, 전문가의 조언(193)과 함께 경희대학교의 연구(184, 192) 결과처럼 균형 잡힌 식이, 특히 충분한 식이섬유의 섭취가 매우 중요함을 잊어서는 안된다. 후속 연구에 있어서도 앞서 언급했던 다양한 생명정보과학 영역과 함께 진행되어야 하고, 현장 적용에 있어서는 운동과학자들의 역할이 더욱 중요해지고 있다(194).

제안

1. 운동의 강도, 횟수, 방법, 수행 장소 등의 요인이 장내미생물 상태에 미치는 효과에 연구가 계속 필요하다.
2. 자신의 장내미생물 상태에 전반적인 건강은 물론 운동능력, 심지어는 운동을 하고자 하는 의지까지도 영향을 받을 수 있다는 점을 이해해야 한다.
3. 좋은 장내미생물 상태를 유지하려면 적절한 신체활동, 식이섬유를 충분히 포함한 영양섭취를 해야 한다.
4. 전문가의 조언에 따라 장내미생물 관련 기능성 식품을 사용해 보는 것은 좋으나, 맹신은 하지 말아야 한다.

운동과 장내미생물 총 및 뇌와의 상호작용

밀접한 관계를 형성하고 영향을 주고 받는 주요 인자들

- 운동 시간, 빈도, 강도, 형태
- 마이오카인, 항산화물질
- 미토콘드리아 기능/활성
- ATP 등 에너지 생산
- 염증 반응

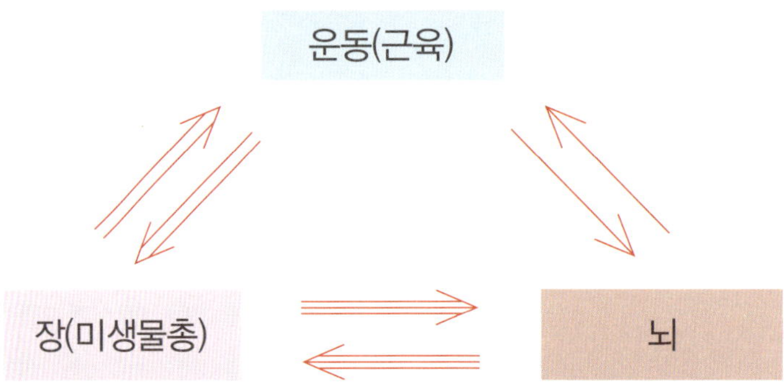

- 미생물의 수와 다양성
- SCFA 생산
- 식이특성(식이섬유/단백질)
- 장점막 상태
- 프로바이오틱스 등 섭취

- 신경전달물질
- 스트레스 반응
- 면역관련 신호물질
- SCFA 작용
- 운동 의욕/기능

* → ⇒ ⇛ 과학적 근거와 역사의 질과 양

* SCFA(short chain free acids)

Note

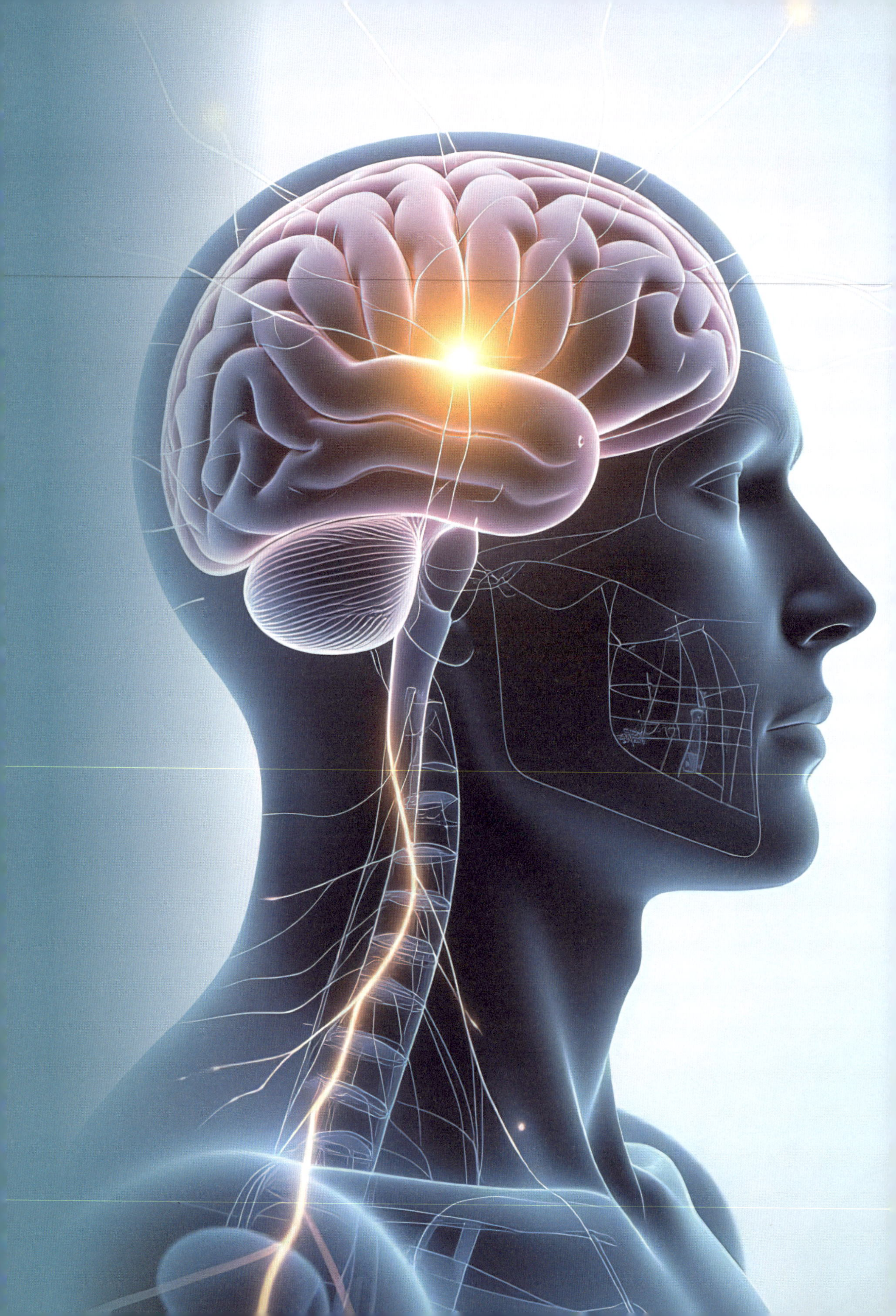

26 뇌 건강을 위한 식이 보충제: 포스파티딜세린의 역할

SUPPLEMENTS FOR BRAIN HEALTH: THE ROLE OF PHOSPHATIDYLSERINE

주요 내용

- 포스파티딜세린(Phosphatidylserin; PS)은 뇌세포의 세포막에 풍부하게 존재하는 인지질로, 뇌의 산화 스트레스 감소 및 신경전달물질 분비 촉진에 기여함.
- PS 보충은 경도인지장애(MCI)를 가진 노인의 인지기능(계산력, 기억력 등)을 유의하게 향상시킴(195).
- 42일간의 단기 섭취 연구에서도 PS는 기억력, 집중력, 반응 속도 등 다양한 인지기능 향상에 효과를 보임(196).
- 단일 요인 중재보다 식이, 운동, 생활습관을 포함한 다중 요인 접근이 인지기능 저하 예방에 더 효과적임.

요약

인간의 노화는 단순히 신체 기능 저하에 국한되지 않으며, 인지적 기능의 감퇴 또한 함께 진행된다. 30세 이후부터 뇌세포는 감퇴되기 시작하며, 지속적인 스트레스, 우울감, 수면부족, 과도한 알코올 섭취, 약물의 오남용 등은 뇌세포의 피로를 증가시켜 기억력을 떨어뜨릴 수 있다. 인지기능 중 특히나 기억력이 저하되어 있는 상태를 '경도인지장애(MCI)'라 하며, 이 단계까지는 일상생활이 가능하기에 심각성을 인식하지 못한다. 하지만 이를 아무런 예방없이 방치할 경우 치매로 발전될 가능성이 크다. 치매는 아직까지 명확한 치료제가 개발되지 않았기에 치료적 관점 보다는 예방적 관점에서의 관리가 더욱 중요할 것이다.

노인 인구 증가로 인해 치매와 같은 퇴행성 뇌 질환 발병률 또한 증가하며 뇌 건강에 대한 관심과 더불어 관련 기능성 보충제의 수요 또한 증가하고 있다. 대표적인 뇌 건강 보충제에는 오메가-3 지방산, 비타민, 미네랄, 허브 추출물 등이 있으며, 이 중 포스파티딜세린(Phosphatidylserine; PS)은 인지 능력 향상 기능성 원료로 주목을 받고 있다.

PS는 세포막을 구성하는 인지질의 일종으로, 특히 뇌 세포의 세포막에 풍부하게 존재하며 뇌의 산화 스트레스를 감소시키고(197), 신경전달물질 방출을 자극하고(198, 199), 뇌 포도당 대사를 증가시키는 것으로 보고되었다(200, 201). 이러한 결과로 뇌 건강과 인지 기능 개선에 도움을 줄 수 있는 것으로 알려져 있다.

12개월 동안 매일 PS를 함유한 식이 보충제를 섭취한 MCI 노인들(n=95)에서 계산 테스트, 유사성 테스트, 단기 기억 테스트 결과에서 10% 이상 향상되는 유의한 변화가 나타났다(195). 이러한 개선은 치매 위험을 낮추는 것과 관련이 있는 것으로 알려져 있는 알파-리놀렌산(α-Linolenic acid, ALA)의 혈중 농도와 관련이 있을 가능성이 제기되었다. 또 다른 PS가 포함된 영양 보충제 중재 연구(196)에서는 42일의 상대적 단기간임에도 스스로 기억력에 문제가 있다고 보고한 40~65세의 대상자 68명에서 컴퓨터 기반 평가 도구를 통해 계산 작업의 전반적인 정확도 5.6% 향상, 정답 정확도 8.1% 향상, 반응시간 0.31초 감소 그리고 그림 인식 과제의 정확도가 1.5% 향상된 것을 확인하였으며, 기억력, 정확도, 집중력, 학습 능력이 유의하게 향상되었다고 보고하였다. 식품의약품안전처에서는 PS의 일일섭취량을 300mg으로 설정하고 있다(202).

식이 보충제와 더불어 운동도 인지에 긍정적 영향을 미치는 것으로 잘 알려져 왔다(203, 204). 하지만 인지기능에서 운동과 식이 보충제의 복합 효과를 확인한 연구는 아직까지 제한적으로 보고되고 있다. 한 연구에서, 다가불포화지방산 보충제(DHA, EPA, ARA 포함)와 주당 150분의 운동(유산소 운동+저항 운동)을 병행한 그룹의 낮은 골격근량 지수를 가진 참여자들에서 주의력과 작업 기억력이 향상되었지만, 운동과 위약을 병행한 그룹과 위약만 섭취한 그룹에서는 향상이 나타나지 않았다. 또한 다중 요인 생활습관 중재는 단일 요인 중재보다 인지기능 저하 개선에 더 효과적인 것으로 알려져 있다(205). 이러한 연구들은 PS 보충제가 운동과 병행되었을 때 시너지 효과를 통해 인지 기능 개선에 더 효과적일 수 있음을 시사한다.

제안

1. 인지기능 개선을 위해 PS 보충제를 하루 300mg 수준으로 지속적으로 섭취하는 것이 권장된다.
2. MCI를 가진 고령자의 경우, 12개월 이상의 장기 복용이 기억력 개선에 효과적일 수 있다.
3. 뇌 건강을 위해 단일 성분 보충보다 생활습관 전반(운동, 수면, 식습관 등)을 통합적으로 관리하는 접근이 효과적이다.

참고문헌

1. Jean WH, Hsieh YW, Lai LF, Dewi L, Liao YC, Ye M, et al. Senolytic effect of high intensity interval exercise on human skeletal muscle. Aging (Albany NY). 2023;15(3):765-76.

2. Lin YH, Tsai SC, Chuang SJ, Harris MB, Masodsai K, Chen PN, et al. Whole-life body composition trajectory and longevity: role of insulin. Aging (Albany NY). 2021;13(7):9719-31.

3. Tsunoda A, Okuda O, Sato K. MR height of the pituitary gland as a function of age and sex: especially physiological hypertrophy in adolescence and in climacterium. AJNR Am J Neuroradiol. 1997;18(3):551-4.

4. Saisho Y, Butler AE, Meier JJ, Monchamp T, Allen-Auerbach M, Rizza RA, et al. Pancreas volumes in humans from birth to age one hundred taking into account sex, obesity, and presence of type-2 diabetes. Clin Anat. 2007;20(8):933-42.

5. Alley DE, Metter EJ, Griswold ME, Harris TB, Simonsick EM, Longo DL, et al. Changes in weight at the end of life: characterizing weight loss by time to death in a cohort study of older men. Am J Epidemiol. 2010;172(5):558-65.

6. Yang C, Jiao Y, Wei B, Yang Z, Wu JF, Jensen J, et al. Aged cells in human skeletal muscle after resistance exercise. Aging (Albany NY). 2018;10(6):1356-65.

7. Tidball JG. Regulation of muscle growth and regeneration by the immune system. Nat Rev Immunol. 2017;17(3):165-78.

8. Wu J, Saovieng S, Cheng IS, Liu T, Hong S, Lin CY, et al. Ginsenoside Rg1 supplementation clears senescence-associated β-galactosidase in exercising human skeletal muscle. J Ginseng Res. 2019;43(4):580-8.

9. Hosios AM, Hecht VC, Danai LV, Johnson MO, Rathmell JC, Steinhauser ML, et al. Amino acids rather than glucose account for the majority of cell mass in proliferating mammalian cells. Dev Cell. 2016;36(5):540-9.

10. Wu J, Cheng IS, Saovieng S, Jean WH, Kao CL, Liu YY, et al. Aerobic exercise induces tumor suppressor p16(INK4a) expression of endothelial progenitor cells in human skeletal muscle. Aging (Albany NY). 2020;12(20):20226-34.

11. Combes A, Dekerle J, Dumont X, Twomey R, Bernard A, Daussin F, et al. Continuous exercise induces airway epithelium damage while a matched-intensity and volume intermittent exercise does not. Respir Res. 2019;20(1):12.

12. DeFronzo RA, Tripathy D. Skeletal muscle insulin resistance is the primary defect in type 2 diabetes. Diabetes Care. 2009;32 Suppl 2(Suppl 2):S157-63.

13. Vøllestad NK, Blom PC. Effect of varying exercise intensity on glycogen depletion in human muscle fibres. Acta Physiol Scand. 1985;125(3):395-405.

14. Hokken R, Laugesen S, Aagaard P, Suetta C, Frandsen U, Ørtenblad N, et al. Subcellular localization- and fibre type-dependent utilization of muscle glycogen during heavy resistance exercise in elite power and Olympic weightlifters. Acta Physiol (Oxf). 2021;231(2):e13561.

15. Bergström J, Hultman E. Muscle glycogen synthesis after exercise: an enhancing factor localized to the muscle cells in man. Nature. 1966;210(5033):309-10.

16. Jayedi A, Emadi A, Shab-Bidar S. Dose-dependent effect of supervised aerobic exercise on HbA(1c) in patients with type 2 diabetes: A meta-analysis of randomized controlled trials. Sports Med. 2022;52(8):1919-38.

17. Short KR, Vittone JL, Bigelow ML, Proctor DN, Rizza RA, Coenen-Schimke JM, et al. Impact of aerobic exercise training on age-related changes in insulin sensitivity and muscle oxidative capacity. Diabetes. 2003;52(8):1888-96.

18. Cauza E, Hanusch-Enserer U, Strasser B, Ludvik B, Metz-Schimmerl S, Pacini G, et al. The relative benefits of endurance and strength training on the metabolic factors and muscle function of people with type 2 diabetes mellitus. Arch Phys Med Rehabil. 2005;86(8):1527-33.

19. Church TS, Blair SN, Cocreham S, Johannsen N, Johnson W, Kramer K, et al. Effects of aerobic and resistance training on hemoglobin A1c levels in patients with type 2 diabetes: a randomized controlled trial. JAMA. 2010;304(20):2253-62.

20. Sjöros T, Laine S, Garthwaite T, Vähä-Ypyä H, Koivumäki M, Eskola O, et al. The effects of a 6-month intervention aimed to reduce sedentary time on skeletal muscle insulin sensitivity: a randomized controlled trial. Am J Physiol Endocrinol Metab. 2023;325(2):E152-e62.
21. Romijn JA, Coyle EF, Sidossis LS, Gastaldelli A, Horowitz JF, Endert E, et al. Regulation of endogenous fat and carbohydrate metabolism in relation to exercise intensity and duration. Am J Physiol. 1993;265(3 Pt 1):E380-91.
22. Harris MB, Kuo CH. Scientific challenges on theory of fat burning by exercise. Front Physiol. 2021;12:685166.
23. Kuo CH, Harris MB. Abdominal fat reducing outcome of exercise training: fat burning or hydrocarbon source redistribution? Can J Physiol Pharmacol. 2016;94(7):695-8.
24. Shook BA, Wasko RR, Mano O, Rutenberg-Schoenberg M, Rudolph MC, Zirak B, et al. Dermal adipocyte lipolysis and myofibroblast conversion are required for efficient skin repair. Cell Stem Cell. 2020;26(6):880-95.e6.
25. Vissers D, Hens W, Taeymans J, Baeyens JP, Poortmans J, Van Gaal L. The effect of exercise on visceral adipose tissue in overweight adults: A systematic review and meta-analysis. PLoS One. 2013;8(2):e56415.
26. Melanson EL, Gozansky WS, Barry DW, Maclean PS, Grunwald GK, Hill JO. When energy balance is maintained, exercise does not induce negative fat balance in lean sedentary, obese sedentary, or lean endurance-trained individuals. J Appl Physiol (1985). 2009;107(6):1847-56.
27. Melanson EL, Sharp TA, Seagle HM, Donahoo WT, Grunwald GK, Peters JC, et al. Resistance and aerobic exercise have similar effects on 24-h nutrient oxidation. Med Sci Sports Exerc. 2002;34(11):1793-800.
28. Kim HK, Della-Fera MA, Hausman DB, Baile CA. Effect of clenbuterol on apoptosis, adipogenesis, and lipolysis in adipocytes. J Physiol Biochem. 2010;66(3):197-203.
29. Reilly SM, Hung CW, Ahmadian M, Zhao P, Keinan O, Gomez AV, et al. Catecholamines suppress fatty acid re-esterification and increase oxidation in white adipocytes via STAT3. Nat Metab. 2020;2(7):620-34.
30. Mora-Rodriguez R, Coyle EF. Effects of plasma epinephrine on fat metabolism during exercise: interactions with exercise intensity. Am J Physiol Endocrinol Metab. 2000;278(4):E669-76.

31. Trapp EG, Chisholm DJ, Freund J, Boutcher SH. The effects of high-intensity intermittent exercise training on fat loss and fasting insulin levels of young women. Int J Obes (Lond). 2008;32(4):684-91.

32. van Aggel-Leijssen DP, Saris WH, Wagenmakers AJ, Senden JM, van Baak MA. Effect of exercise training at different intensities on fat metabolism of obese men. J Appl Physiol (1985). 2002;92(3):1300-9.

33. Leibacher J, Henschler R. Biodistribution, migration and homing of systemically applied mesenchymal stem/stromal cells. Stem Cell Res Ther. 2016;7:7.

34. Simsolo RB, Ong JM, Kern PA. The regulation of adipose tissue and muscle lipoprotein lipase in runners by detraining. J Clin Invest. 1993;92(5):2124-30.

35. Cribb PJ, Hayes A. Effects of supplement timing and resistance exercise on skeletal muscle hypertrophy. Med Sci Sports Exerc. 2006;38(11):1918-25.

36. Levenhagen DK, Gresham JD, Carlson MG, Maron DJ, Borel MJ, Flakoll PJ. Postexercise nutrient intake timing in humans is critical to recovery of leg glucose and protein homeostasis. Am J Physiol Endocrinol Metab. 2001;280(6):E982-E93.

37. Willis LH, Slentz CA, Bateman LA, Shields AT, Piner LW, Bales CW, et al. Effects of aerobic and/or resistance training on body mass and fat mass in overweight or obese adults. J Appl Physiol (1985). 2012;113(12):1831-7.

38. Irving BA, Davis CK, Brock DW, Weltman JY, Swift D, Barrett EJ, et al. Effect of exercise training intensity on abdominal visceral fat and body composition. Med Sci Sports Exerc. 2008;40(11):1863-72.

39. Loftus TM, Kuhajda FP, Lane MD. Insulin depletion leads to adipose-specific cell death in obese but not lean mice. Proc Natl Acad Sci U S A. 1998;95(24):14168-72.

40. Géloën A, Roy PE, Bukowiecki LJ. Regression of white adipose tissue in diabetic rats. Am J Physiol. 1989;257(4 Pt 1):E547-53.

41. Donaldson CL, Hulley SB, Vogel JM, Hattner RS, Bayers JH, McMillan DE. Effect of prolonged bed rest on bone mineral. Metabolism. 1970;19(12):1071-84.

42. Heaney RP. Protein and calcium: Antagonists or synergists? Am J Clin Nutr. 2002;75(4):609-10.

43. Rittweger J, Felsenberg D. Recovery of muscle atrophy and bone loss from 90 days bed rest: results from a one-year follow-up. Bone. 2009;44(2):214-24.

44. Scott A, Khan KM, Duronio V, Hart DA. Mechanotransduction in human bone: in vitro cellular physiology that underpins bone changes with exercise. Sports Med. 2008;38(2):139-60.

45. Manolagas SC. Birth and death of bone cells: basic regulatory mechanisms and implications for the pathogenesis and treatment of osteoporosis. Endocr Rev. 2000;21(2):115-37.

46. Cao X, Wu X, Frassica D, Yu B, Pang L, Xian L, et al. Irradiation induces bone injury by damaging bone marrow microenvironment for stem cells. Proc Natl Acad Sci U S A. 2011;108(4):1609-14.

47. Cohen B, Millett PJ, Mist B, Laskey MA, Rushton N. Effect of exercise training programme on bone mineral density in novice college rowers. Br J Sports Med. 1995;29(2):85-8.

48. Chung CW, Kuo CH, Huang HY, Alkhatib A, Tseng CY, Huang CY, et al. High-protein supplementation facilitates weight training-induced bone mineralization in baseball players. Nutrition. 2020;75-76:110760.

49. Bemben DA, Fetters NL, Bemben MG, Nabavi N, Koh ET. Musculoskeletal responses to high- and low-intensity resistance training in early postmenopausal women. Med Sci Sports Exerc. 2000;32(11):1949-57.

50. McClanahan BS, Harmon-Clayton K, Ward KD, Klesges RC, Vukadinovich CM, Cantler ED. Side-to-side comparisons of bone mineral density in upper and lower limbs of collegiate athletes. J Strength Cond Res. 2002;16(4):586-90.

51. Barzel US, Massey LK. Excess dietary protein can adversely affect bone. J Nutr. 1998;128(6):1051-3.

52. Shams-White MM, Chung M, Du M, Fu Z, Insogna KL, Karlsen MC, et al. Dietary protein and bone health: a systematic review and meta-analysis from the National Osteoporosis Foundation. Am J Clin Nutr. 2017;105(6):1528-43.

53. Duff WR, Chilibeck PD, Rooke JJ, Kaviani M, Krentz JR, Haines DM. The effect of bovine colostrum supplementation in older adults during resistance training. Int J Sport Nutr Exerc Metab. 2014;24(3):276-85.

54. Kassem M, Mosekilde L, Eriksen EF. Growth hormone stimulates proliferation of normal human bone marrow stromal osteoblast precursor cells in vitro. Growth Regul. 1994;4(3):131-5.

55. Carreras E, Turner S, Paharkova-Vatchkova V, Mao A, Dascher C, Kovats S. Estradiol acts directly on bone marrow myeloid progenitors to differentially regulate GM-CSF or Flt3 ligand-mediated dendritic cell differentiation. J Immunol. 2008;180(2):727-38.

56. Corotchi MC, Popa MA, Simionescu M. Testosterone stimulates proliferation and preserves stemness of human adult mesenchymal stem cells and endothelial progenitor cells. Rom J Morphol Embryol. 2016;57(1):75-80.

57. Shahbazi M, Cundiff P, Zhou W, Lee P, Patel A, D'Souza SL, et al. The role of insulin as a key regulator of seeding, proliferation, and mRNA transcription of human pluripotent stem cells. Stem Cell Res Ther. 2019;10(1):228.

58. Velasquez-Mieyer PA, Cowan PA, Arheart KL, Buffington CK, Spencer KA, Connelly BE, et al. Suppression of insulin secretion is associated with weight loss and altered macronutrient intake and preference in a subset of obese adults. Int J Obes Relat Metab Disord. 2003;27(2):219-26.

59. Hill CM, Albarado DC, Coco LG, Spann RA, Khan MS, Qualls-Creekmore E, et al. FGF21 is required for protein restriction to extend lifespan and improve metabolic health in male mice. Nat Commun. 2022;13(1):1897.

60. Kitada M, Ogura Y, Monno I, Koya D. The impact of dietary protein intake on longevity and metabolic health. EBioMedicine. 2019;43:632-40.

61. Levine ME, Suarez JA, Brandhorst S, Balasubramanian P, Cheng CW, Madia F, et al. Low protein intake is associated with a major reduction in IGF-1, cancer, and overall mortality in the 65 and younger but not older population. Cell Metab. 2014;19(3):407-17.

62. Solon-Biet SM, McMahon AC, Ballard JW, Ruohonen K, Wu LE, Cogger VC, et al. The ratio of macronutrients, not caloric intake, dictates cardiometabolic health, aging, and longevity in ad libitum-fed mice. Cell Metab. 2014;19(3):418-30.

63. Simm PJ, Bicknell-Royle J, Lawrie J, Nation J, Draffin K, Stewart KG, et al. The effect of the ketogenic diet on the developing skeleton. Epilepsy Res. 2017;136:62-6.

64. Groesbeck DK, Bluml RM, Kossoff EH. Long-term use of the ketogenic diet in the treatment of epilepsy. Dev Med Child Neurol. 2006;48(12):978-81.

65. Hansen BF, Asp S, Kiens B, Richter EA. Glycogen concentration in human skeletal muscle: effect of prolonged insulin and glucose infusion. Scand J Med Sci Sports. 1999;9(4):209-13.

66. Ivy JL, Katz AL, Cutler CL, Sherman WM, Coyle EF. Muscle glycogen synthesis after exercise: effect of time of carbohydrate ingestion. J Appl Physiol (1985). 1988;64(4):1480-5.

67. Costill DL, Sherman WM, Fink WJ, Maresh C, Witten M, Miller JM. The role of dietary carbohydrates in muscle glycogen resynthesis after strenuous running. Am J Clin Nutr. 1981;34(9):1831-6.

68. Blom PC, Høstmark AT, Vaage O, Kardel KR, Maehlum S. Effect of different post-exercise sugar diets on the rate of muscle glycogen synthesis. Med Sci Sports Exerc. 1987;19(5):491-6.

69. Bergström J, Hermansen L, Hultman E, Saltin B. Diet, muscle glycogen and physical performance. Acta Physiol Scand. 1967;71(2):140-50.

70. van Loon LJ, Saris WH, Kruijshoop M, Wagenmakers AJ. Maximizing postexercise muscle glycogen synthesis: carbohydrate supplementation and the application of amino acid or protein hydrolysate mixtures. Am J Clin Nutr. 2000;72(1):106-11.

71. Rustad PI, Sailer M, Cumming KT, Jeppesen PB, Kolnes KJ, Sollie O, et al. Intake of protein plus carbohydrate during the first two hours after exhaustive cycling improves performance the following day. PLoS One. 2016;11(4):e0153229.

72. Jäger R, Kerksick CM, Campbell BI, Cribb PJ, Wells SD, Skwiat TM, et al. International Society of Sports Nutrition Position Stand: protein and exercise. J Int Soc Sports Nutr. 2017;14(1):20.

73. Esmarck B, Andersen JL, Olsen S, Richter EA, Mizuno M, Kjær M. Timing of postexercise protein intake is important for muscle hypertrophy with resistance training in elderly humans. J Physiol. 2001;535(1):301-11.

74. Yu D, Richardson NE, Green CL, Spicer AB, Murphy ME, Flores V, et al. The adverse metabolic effects of branched-chain amino acids are mediated by isoleucine and valine. Cell Metab. 2021;33(5):905-22.e6.

75. Fouré A, Bendahan D. Is branched-chain amino acids supplementation an efficient nutritional strategy to alleviate skeletal muscle damage? A systematic review. Nutrients. 2017;9(10).

76. Weber MG, Dias SS, de Angelis TR, Fernandes EV, Bernardes AG, Milanez VF, et al. The use of BCAA to decrease delayed-onset muscle soreness after a single bout of exercise: A systematic review and meta-analysis. Amino Acids. 2021;53(11):1663-78.

77. Khemtong C, Tessitore A, Jaime SJ, Gobbi G, Jensen J, Yang AL, et al. Branched-chain amino acids supplementation does not accelerate recovery after a change of direction sprinting exercise protocol. Nutrients. 2022;14(20).

78. Solon-Biet SM, Cogger VC, Pulpitel T, Wahl D, Clark X, Bagley E, et al. Branched chain amino acids impact health and lifespan indirectly via amino acid balance and appetite control. Nat Metab. 2019;1(5):532-45.

79. Biolo G, Tipton KD, Klein S, Wolfe RR. An abundant supply of amino acids enhances the metabolic effect of exercise on muscle protein. Am J Physiol. 1997;273(1 Pt 1):E122-9.

80. Tan AY, Hamzah SH, Huang CY, Kuo CH. Pre-exercise carbohydrate drink adding protein improves post-exercise fatigue recovery. Front Physiol. 2021;12:765473.

81. Haub MD, Wells AM, Tarnopolsky MA, Campbell WW. Effect of protein source on resistive-training-induced changes in body composition and muscle size in older men. Am J Clin Nutr. 2002;76(3):511-7.

82. Hevia-Larraín V, Gualano B, Longobardi I, Gil S, Fernandes AL, Costa LAR, et al. High-protein plant-based diet versus a protein-matched omnivorous diet to support resistance training adaptations: A comparison between habitual vegans and omnivores. Sports Med. 2021;51(6):1317-30.

83. Fiatarone MA, O'Neill EF, Ryan ND, Clements KM, Solares GR, Nelson ME, et al. Exercise training and nutritional supplementation for physical frailty in very elderly people. N Engl J Med. 1994;330(25):1769-75.

84. Fiatarone MA, Marks EC, Ryan ND, Meredith CN, Lipsitz LA, Evans WJ. High-intensity strength training in nonagenarians. Effects on skeletal muscle. JAMA. 1990;263(22):3029-34.

85. Morton RW, Murphy KT, McKellar SR, Schoenfeld BJ, Henselmans M, Helms E, et al. A systematic review, meta-analysis and meta-regression of the effect of protein supplementation on resistance training-induced gains in muscle mass and strength in healthy adults. Br J Sports Med. 2018;52(6):376-84.

86. Verdijk LB, Jonkers RA, Gleeson BG, Beelen M, Meijer K, Savelberg HH, et al. Protein supplementation before and after exercise does not further augment skeletal muscle hypertrophy after resistance training in elderly men. Am J Clin Nutr. 2009;89(2):608-16.

87. D'Andrea Meira I, Romão TT, Pires do Prado HJ, Krüger LT, Pires MEP, da Conceição PO. Ketogenic diet and epilepsy: what we know so far. Front Neurosci. 2019;13:5.

88. Anderson JC. Measuring breath acetone for monitoring fat loss: review. Obesity (Silver Spring). 2015;23(12):2327-34.

89. Roberts MN, Wallace MA, Tomilov AA, Zhou Z, Marcotte GR, Tran D, et al. A ketogenic diet extends longevity and healthspan in adult mice. Cell Metab. 2017;26(3):539-46.e5.

90. Chen Y, Hu Y, Zhang H, Peng C, Li S. Loss of the Alox5 gene impairs leukemia stem cells and prevents chronic myeloid leukemia. Nat Genet. 2009;41(7):783-92.

91. Fung TT, van Dam RM, Hankinson SE, Stampfer M, Willett WC, Hu FB. Low-carbohydrate diets and all-cause and cause-specific mortality: two cohort studies. Ann Intern Med. 2010;153(5):289-98.

92. Phinney SD, Bistrian BR, Evans WJ, Gervino E, Blackburn GL. The human metabolic response to chronic ketosis without caloric restriction: preservation of submaximal exercise capability with reduced carbohydrate oxidation. Metabolism. 1983;32(8):769-76.

93. Christensen EH, Hansen O. III. Arbeitsfähigkeit und Ernährung. Skandinavisches Archiv Für Physiologie. 1939;81(1):160-71.

94. Areta JL, Iraki J, Owens DJ, Joanisse S, Philp A, Morton JP, et al. Achieving energy balance with a high-fat meal does not enhance skeletal muscle adaptation and impairs glycaemic response in a sleep-low training model. Exp Physiol. 2020;105(10):1778-91.

95. Benjamin DI, Both P, Benjamin JS, Nutter CW, Tan JH, Kang J, et al. Fasting induces a highly resilient deep quiescent state in muscle stem cells via

ketone body signaling. Cell Metab. 2022;34(6):902-18.e6.

96. Paoli A, Grimaldi K, D'Agostino D, Cenci L, Moro T, Bianco A, et al. Ketogenic diet does not affect strength performance in elite artistic gymnasts. J Int Soc Sports Nutr. 2012;9(1):34.

97. van Loon LJ, Greenhaff PL, Constantin-Teodosiu D, Saris WH, Wagenmakers AJ. The effects of increasing exercise intensity on muscle fuel utilisation in humans. J Physiol. 2001;536(Pt 1):295-304.

98. van Loon LJ, Jeukendrup AE, Saris WH, Wagenmakers AJ. Effect of training status on fuel selection during submaximal exercise with glucose ingestion. J Appl Physiol (1985). 1999;87(4):1413-20.

99. Joyner MJ, Coyle EF. Endurance exercise performance: the physiology of champions. J Physiol. 2008;586(1):35-44.

100. Vogt M, Puntschart A, Howald H, Mueller B, Mannhart C, Gfeller-Tuescher L, et al. Effects of dietary fat on muscle substrates, metabolism, and performance in athletes. Med Sci Sports Exerc. 2003;35(6):952-60.

101. Helge JW, Wulff B, Kiens B. Impact of a fat-rich diet on endurance in man: role of the dietary period. Med Sci Sports Exerc. 1998;30(3):456-61.

102. Dearlove DJ, Harrison OK, Hodson L, Jefferson A, Clarke K, Cox PJ. The effect of blood ketone concentration and exercise intensity on exogenous ketone oxidation rates in athletes. Med Sci Sports Exerc. 2021;53(3):505-16.

103. Cox Pete J, Kirk T, Ashmore T, Willerton K, Evans R, Smith A, et al. Nutritional ketosis alters fuel preference and thereby endurance performance in athletes. Cell Metab. 2016;24(2):256-68.

104. Evans M, Egan B. Intermittent running and cognitive performance after ketone ester ingestion. Med Sci Sports Exerc. 2018;50(11):2330-8.

105. Holdsworth DA, Cox PJ, Kirk T, Stradling H, Impey SG, Clarke K. A ketone ester drink increases postexercise muscle glycogen synthesis in humans. Med Sci Sports Exerc. 2017;49(9):1789-95.

106. Evans M, Cogan KE, Egan B. Metabolism of ketone bodies during exercise and training: physiological basis for exogenous supplementation. J Physiol. 2017;595(9):2857-71.

107. Zhu M, Lee TXY, Hsieh YW, Lai LF, Condello G, Donnelly CJ, et al. Vascular function in the aging human brain during muscle exertion. Aging (Albany NY). 2022;14(9):3910-20.

108. Wei C-C, Condello G, Yang A-L, Yu S-H, Liao Y-H, Chen C-Y, et al. Defecation enhances cerebral perfusion and delays fatigue in elite triathletes. J Int Soc Sports Nutr. 2023;20(1):2206380.

109. Wei CC, Harris MB, Ye M, Nicholls A, Alkhatib A, Dewi L, et al. Defecation after magnesium supplementation enhances cognitive performance in triathletes. Sports Med Health Sci. 2024.

110. Ibarra A, Latreille-Barbier M, Donazzolo Y, Pelletier X, Ouwehand AC. Effects of 28-day Bifidobacterium animalis subsp. lactis HN019 supplementation on colonic transit time and gastrointestinal symptoms in adults with functional constipation: A double-blind, randomized, placebo-controlled, and dose-ranging trial. Gut Microbes. 2018;9(3):236-51.

111. Barichella M, Pacchetti C, Bolliri C, Cassani E, Iorio L, Pusani C, et al. Probiotics and prebiotic fiber for constipation associated with Parkinson disease: An RCT. Neurology. 2016;87(12):1274-80.

112. Willis SJ, Alvarez L, Millet GP, Borrani F. Changes in muscle and cerebral deoxygenation and perfusion during repeated sprints in hypoxia to exhaustion. Front Physiol. 2017;8:846.

113. Mori S, Tomita T, Fujimura K, Asano H, Ogawa T, Yamasaki T, et al. A randomized double-blind placebo-controlled trial on the effect of magnesium oxide in patients with chronic constipation. J Neurogastroenterol Motil. 2019;25(4):563-75.

114. Vandeputte D, Falony G, Vieira-Silva S, Tito RY, Joossens M, Raes J. Stool consistency is strongly associated with gut microbiota richness and composition, enterotypes and bacterial growth rates. Gut. 2016;65(1):57-62.

115. Labonté K, Couillard C, Motard-Bélanger A, Paradis M-E, Couture P, Lamarche B. Acute effects of polyphenols from cranberries and grape seeds on endothelial function andperformance in elite athletes. Sports. 2013;1(3):55-68.

116. Somerville V, Bringans C, Braakhuis A. Polyphenols and performance: A systematic review and meta-analysis. Sports Med. 2017;47(8):1589-99.

117. Carey CC, Lucey A, Doyle L. Flavonoid containing polyphenol consumption and recovery from exercise-induced muscle damage: A systematic review and meta-analysis. Sports Med. 2021;51(6):1293-316.

118. Gliemann L, Schmidt JF, Olesen J, Biensø RS, Peronard SL, Grandjean

SU, et al. Resveratrol blunts the positive effects of exercise training on cardiovascular health in aged men. J Physiol. 2013;591(20):5047-59.

119. Riesco E, Aubertin-Leheudre M, Maltais ML, Audet M, Dionne IJ. Synergic effect of phytoestrogens and exercise training on cardiovascular risk profile in exercise-responder postmenopausal women: a pilot study. Menopause. 2010;17(5):1035-9.

120. Sievenpiper JL, Arnason JT, Leiter LA, Vuksan V. Variable effects of American ginseng: a batch of American ginseng (Panax quinquefolius L.) with a depressed ginsenoside profile does not affect postprandial glycemia. Eur J Clin Nutr. 2003;57(2):243-8.

121. Yu SH, Huang CY, Lee SD, Hsu MF, Wang RY, Kao CL, et al. Decreased eccentric exercise-induced macrophage infiltration in skeletal muscle after supplementation with a class of ginseng-derived steroids. PLoS One. 2014;9(12):e114649.

122. Li SG, Yan MZ, Zhang D, Ye M, Deng JJ. Effects of ginsenoside Rg1 on the senescence of vascular smooth muscle cells. Genet Mol Res. 2016;15(3).

123. Silvestrini P, Beccaria C, Renna MS, Engler C, Simonutti V, Cellone I, et al. In vitro evaluation of ginsenoside Rg1 immunostimulating effect in bovine mononuclear cells. Res Vet Sci. 2023;158:1-12.

124. Lee TXY, Wu J, Jean WH, Condello G, Alkhatib A, Hsieh CC, et al. Reduced stem cell aging in exercised human skeletal muscle is enhanced by ginsenoside Rg1. Aging (Albany NY). 2021;13(12):16567-76.

125. Sievenpiper JL, Arnason JT, Leiter LA, Vuksan V. Decreasing, null and increasing effects of eight popular types of ginseng on acute postprandial glycemic indices in healthy humans: The role of ginsenosides. J Am Coll Nutr. 2004;23(3):248-58.

126. Chaunchaiyakul R, Leelayuwat N, Wu JF, Huang CY, Kuo CH. Contrasting actions of ginsenosides Rb1 and Rg1 on glucose tolerance in rats. Chin J Physiol. 2019;62(6):267-72.

127. Sengupta S, Toh SA, Sellers LA, Skepper JN, Koolwijk P, Leung HW, et al. Modulating angiogenesis: the yin and the yang in ginseng. Circulation. 2004;110(10):1219-25.

128. Ikeuchi S, Minamida M, Nakamura T, Konishi M, Kamioka H. Exploratory systematic review and meta-analysis of Panax genus plant ingestion evaluation in exercise endurance. Nutrients. 2022;14(6).

129. Hou CW, Lee SD, Kao CL, Cheng IS, Lin YN, Chuang SJ, et al. Improved inflammatory balance of human skeletal muscle during exercise after supplementations of the ginseng-based steroid Rg1. PLoS One. 2015;10(1):e0116387.

130. Baker DJ, Wijshake T, Tchkonia T, LeBrasseur NK, Childs BG, van de Sluis B, et al. Clearance of p16Ink4a-positive senescent cells delays ageing-associated disorders. Nature. 2011;479(7372):232-6.

131. Yu X, Mao Y, Shergis JL, Coyle ME, Wu L, Chen Y, et al. Effectiveness and safety of oral Cordyceps sinensis on stable COPD of GOLD stages 2-3: systematic review and meta-analysis. Evid Based Complement Alternat Med. 2019;2019:4903671.

132. Alkhatib A. Antiviral functional foods and exercise lifestyle prevention of coronavirus. Nutrients. 2020;12(9).

133. Tan N-Z, Barger JL, Zhang Y, Ferguson SB, Wu Z-M, Prolla TA, et al. The lifespan-extending effect of Cordyceps sinensis Cs-4 in normal mice and its molecular mechanisms. FASEB J. 2011;25(S1):599.1-.1.

134. Parcell AC, Smith JM, Schulthies SS, Myrer JW, Fellingham G. Cordyceps Sinensis (CordyMax Cs-4) supplementation does not improve endurance exercise performance. Int J Sport Nutr Exerc Metab. 2004;14(2):236-42.

135. Hirsch KR, Smith-Ryan AE, Roelofs EJ, Trexler ET, Mock MG. Cordyceps militaris improves tolerance to high-intensity exercise after acute and chronic supplementation. J Diet Suppl. 2017;14(1):42-53.

136. Chen CY, Hou CW, Bernard JR, Chen CC, Hung TC, Cheng LL, et al. Rhodiola crenulata- and Cordyceps sinensis-based supplement boosts aerobic exercise performance after short-term high altitude training. High Alt Med Biol. 2014;15(3):371-9.

137. Kresge N, Simoni RD, Hill RL. Otto Fritz Meyerhof and the elucidation of the glycolytic pathway. J Biol Chem. 2005;280(4):e3.

138. Kristensen M, Albertsen J, Rentsch M, Juel C. Lactate and force production in skeletal muscle. J Physiol. 2005;562(Pt 2):521-6.

139. Hermansen L, Hultman E, Saltin B. Muscle glycogen during prolonged severe exercise. Acta Physiol Scand. 1967;71(2):129-39.

140. Chryssanthopoulos C, Williams C, Nowitz A, Kotsiopoulou C, Vleck V. The effect of a high carbohydrate meal on endurance running capacity. Int J Sport Nutr Exerc Metab. 2002;12(2):157-71.

141. Rowlands DS, Hopkins WG. Effect of high-fat, high-carbohydrate, and high-protein meals on metabolism and performance during endurance cycling. Int J Sport Nutr Exerc Metab. 2002;12(3):318-35.

142. Hsu AR, Hagobian TA, Jacobs KA, Attallah H, Friedlander AL. Effects of heat removal through the hand on metabolism and performance during cycling exercise in the heat. Can J Appl Physiol. 2005;30(1):87-104.

143. Steensberg A, Febbraio MA, Osada T, Schjerling P, van Hall G, Saltin B, et al. Interleukin-6 production in contracting human skeletal muscle is influenced by pre-exercise muscle glycogen content. J Physiol. 2001;537(Pt 2):633-9.

144. Gladden LB. Muscle as a consumer of lactate. Med Sci Sports Exerc. 2000;32(4):764-71.

145. Trangmar SJ, González-Alonso J. Heat, hydration and the human brain, heart and skeletal muscles. Sports Med. 2019;49(Suppl 1):69-85.

146. Nybo L, Nielsen B. Middle cerebral artery blood velocity is reduced with hyperthermia during prolonged exercise in humans. J Physiol. 2001;534(Pt 1):279-86.

147. Galloway SD, Maughan RJ. Effects of ambient temperature on the capacity to perform prolonged cycle exercise in man. Med Sci Sports Exerc. 1997;29(9):1240-9.

148. Wei CY, Chen CY, Liao YH, Tsai YS, Huang CY, Chaunchaiyakul R, et al. Deep ocean mineral supplementation enhances the cerebral hemodynamic response during exercise and decreases inflammation postexercise in men at two age levels. Front Physiol. 2017;8:1016.

149. Kenefick RW, Cheuvront SN, Palombo LJ, Ely BR, Sawka MN. Skin temperature modifies the impact of hypohydration on aerobic performance. J Appl Physiol (1985). 2010;109(1):79-86.

150. Gonzalez-Alonso J, Mora-Rodriguez R, Below PR, Coyle EF. Dehydration reduces cardiac output and increases systemic and cutaneous vascular resistance during exercise. J Appl Physiol (1985). 1995;79(5):1487-96.

151. Siegel R, Maté J, Watson G, Nosaka K, Laursen PB. The influence of ice slurry ingestion on maximal voluntary contraction following exercise-induced hyperthermia. Eur J Appl Physiol. 2011;111(10):2517-24.

152. Nose H, Mack GW, Shi XR, Nadel ER. Role of osmolality and plasma volume during rehydration in humans. J Appl Physiol (1985). 1988;65(1):325-31.

153. Hunt JB, Elliott EJ, Fairclough PD, Clark ML, Farthing MJ. Water and solute absorption from hypotonic glucose-electrolyte solutions in human jejunum. Gut. 1992;33(4):479-83.

154. DeFronzo RA. The effect of insulin on renal sodium metabolism. A review with clinical implications. Diabetologia. 1981;21(3):165-71.

155. Bueno D, Garcia-Fernàndez J. Evolutionary development of embryonic cerebrospinal fluid composition and regulation: an open research field with implications for brain development and function. Fluids Barriers CNS. 2016;13:5.

156. Tarumi T, Yamabe T, Fukuie M, Zhu DC, Zhang R, Ogoh S, et al. Brain blood and cerebrospinal fluid flow dynamics during rhythmic handgrip exercise in young healthy men and women. J Physiol. 2021;599(6):1799-813.

157. Osterberg KL, Pallardy SE, Johnson RJ, Horswill CA. Carbohydrate exerts a mild influence on fluid retention following exercise-induced dehydration. J Appl Physiol (1985). 2010;108(2):245-50.

158. Shirreffs SM, Taylor AJ, Leiper JB, Maughan RJ. Post-exercise rehydration in man: effects of volume consumed and drink sodium content. Med Sci Sports Exerc. 1996;28(10):1260-71.

159. Hou CW, Tsai YS, Jean WH, Chen CY, Ivy JL, Huang CY, et al. Deep ocean mineral water accelerates recovery from physical fatigue. J Int Soc Sports Nutr. 2013;10(1):7.

160. Tan PM, Lee JK. The role of fluid temperature and form on endurance performance in the heat. Scand J Med Sci Sports. 2015;25 Suppl 1:39-51.

161. Konopka AR, Laurin JL, Schoenberg HM, Reid JJ, Castor WM, Wolff CA, et al. Metformin inhibits mitochondrial adaptations to aerobic exercise training in older adults. Aging Cell. 2019;18(1):e12880.

162. Wu T, Xie C, Wu H, Jones KL, Horowitz M, Rayner CK. Metformin reduces the rate of small intestinal glucose absorption in type 2 diabetes. Diabetes Obes Metab. 2017;19(2):290-3.

163. Mohammed I, Hollenberg MD, Ding H, Triggle CR. A critical review of the evidence that metformin is a putative anti-aging drug that enhances healthspan and extends lifespan. Front Endocrinol (Lausanne). 2021;12:718942.

164. Bonnet F, Scheen A. Understanding and overcoming metformin gastrointestinal intolerance. Diabetes Obes Metab. 2017;19(4):473-81.

165. Rena G, Hardie DG, Pearson ER. The mechanisms of action of metformin. Diabetologia. 2017;60(9):1577-85.

166. Yerevanian A, Soukas AA. Metformin: Mechanisms in human obesity and weight loss. Curr Obes Rep. 2019;8(2):156-64.

167. Walton RG, Dungan CM, Long DE, Tuggle SC, Kosmac K, Peck BD, et al. Metformin blunts muscle hypertrophy in response to progressive resistance exercise training in older adults: a randomized, double-blind, placebo-controlled, multicenter trial: the MASTERS trial. Aging Cell. 2019;18(6):e13039.

168. Asadi Shahmirzadi A, Edgar D, Liao CY, Hsu YM, Lucanic M, Asadi Shahmirzadi A, et al. Alpha-ketoglutarate, an endogenous metabolite, extends lifespan and compresses morbidity in aging mice. Cell Metab. 2020;32(3):447-56.e6.

169. Xu M, Pirtskhalava T, Farr JN, Weigand BM, Palmer AK, Weivoda MM, et al. Senolytics improve physical function and increase lifespan in old age. Nat Med. 2018;24(8):1246-56.

170. Vidal Valero M. Taurine supplement makes animals live longer - what it means for people is unclear. Nature. 2023.

171. Yousefzadeh MJ, Zhu Y, McGowan SJ, Angelini L, Fuhrmann-Stroissnigg H, Xu M, et al. Fisetin is a senotherapeutic that extends health and lifespan. EBioMedicine. 2018;36:18-28.

172. Pallauf K, Rimbach G, Rupp PM, Chin D, Wolf IM. Resveratrol and lifespan in model organisms. Curr Med Chem. 2016;23(41):4639-80.

173. Filfan M, Olaru A, Udristoiu I, Margaritescu C, Petcu E, Hermann DM, et al. Long-term treatment with spermidine increases health span of middle-aged Sprague-Dawley male rats. Geroscience. 2020;42(3):937-49.

174. Singh P, Gollapalli K, Mangiola S, Schranner D, Yusuf MA, Chamoli M, et al. Taurine deficiency as a driver of aging. Science. 2023;380(6649):eabn9257.

175. Yuan Y, Xu P, Jiang Q, Cai X, Wang T, Peng W, et al. Exercise-induced α-ketoglutaric acid stimulates muscle hypertrophy and fat loss through OXGR1-dependent adrenal activation. EMBO J. 2020;39(7):e103304.

176. Campbell B, Roberts M, Kerksick C, Wilborn C, Marcello B, Taylor L, et al. Pharmacokinetics, safety, and effects on exercise performance of L-arginine alpha-ketoglutarate in trained adult men. Nutrition. 2006;22(9):872-81.

177. Baur JA, Pearson KJ, Price NL, Jamieson HA, Lerin C, Kalra A, et al. Resveratrol improves health and survival of mice on a high-calorie diet. Nature. 2006;444(7117):337-42.

178. Harrison DE, Strong R, Reifsnyder P, Kumar N, Fernandez E, Flurkey K, et al. 17-a-estradiol late in life extends lifespan in aging UM-HET3 male mice; nicotinamide riboside and three other drugs do not affect lifespan in either sex. Aging Cell. 2021;20(5):e13328.

179. Zhang H, Ryu D, Wu Y, Gariani K, Wang X, Luan P, et al. NAD^+ repletion improves mitochondrial and stem cell function and enhances life span in mice. Science. 2016;352(6292):1436-43.

180. Kane AE, Chellappa K, Schultz MB, Arnold M, Li J, Amorim J, et al. Long-term NMN treatment increases lifespan and healthspan in mice in a sex dependent manner. bioRxiv. 2024.

181. Tabrizi R, Tamtaji OR, Lankarani KB, Akbari M, Dadgostar E, Dabbaghmanesh MH, et al. The effects of resveratrol intake on weight loss: a systematic review and meta-analysis of randomized controlled trials. Crit Rev Food Sci Nutr. 2020;60(3):375-90.

182. Weindruch R, Walford RL, Fligiel S, Guthrie D. The retardation of aging in mice by dietary restriction: longevity, cancer, immunity and lifetime energy intake. J Nutr. 1986;116(4):641-54.

183. Scheiman J, Luber JM, Chavkin TA, MacDonald T, Tung A, Pham L, et al. Meta-omics analysis of elite athletes identifies a performance-enhancing microbe that functions via lactate metabolism. Nat Med. 2019;25(7):1104-1109.

184. Son J, Jang L, Kim B, Lee S, Park H. The effect of athletes' probiotic intake may depend on protein and dietary fiber intake. Nutrients. 2020;12:2947.

185. Wosinska L, Cotter PD, O'Sullivan O, Guinane C. The potential impact of probiotics on the gut microbiome of athletes. Nutrients. 2019;11:2270.

186. Barton W, Penney NC, Cronin W, Garcia-Perez I, Molloy MG, Holmes E, et al. The microbiome of professional athletes differs from that of more sedentary subjects in composition and particularly at the functional metabolic

level. Gut Microbiota. 2017;67(4):625-633.

187. Hawley JA, Forster SC, Giles EM. Exercise, the gut microbiome and gastrointestinal diseases: Therapeutic impact and molecular mechanisms. Gastroenterology. 2025;169:48-62.

188. Dohnalova L, Lundgren P, Thaiss CA et al. A microbiome-dependent gut-brain pathway regulates motivation for exercise. Nature. 2022;612(7941):739-747.

189. Boytar AN, Skinner TL, Wallen RE, Jenkins DG, Nitert MD. The effect of exercise prescription on the human gut microbiota and comparison between clinical and apparently healthy populations: A systematic review. Nutrients. 2023;15:1534.

190. Varghese S, Rao S, Khattak A, Zamir F, Chaari A. Physical exercise and the gut microbiome: A bidirectional relationship influencing health and performance. Nutrients. 2024;16(21):3663.

191. Sales KM, Reimer RA. Unlocking a novel determinant of athletic performance: The role of the gut microbiota, short-chain fatty acids, and "biotics" in exercise. J Sport Health Sci. 2023;12:36-44.

192. Jang L, Choi G, Kim S, Kim B, Lee S, Park H. The combination of sport and sport-specific diet is associated with characteristics of gut microbiota: an observational study. J Int Soc Sports Nutr. 2019;16:21.

193. Deng R, Wang M, Song Y, Shi Y. A bibliometric analysis on the research trend of exercise and the gut microbiome. Microorganisms. 2023;11:903.

194. Duan H, Xu N, Yang T, Wang M, Zhang C, Zhao J, et al. Effects of a food supplement containing phosphatidylserine on cognitive function in Chinese older adults with mild cognitive impairment: A randomized double-blind, placebo-controlled trial. J Affect Disord. 2025;369:35-42.

195. Doma KM, Lewis ED, Barracato JM, Brink LR, Gratson AA, Pandey N, et al. A randomized, double-blind, placebo-controlled, parallel study investigating the efficacy of a whole coffee cherry extract and phosphatidylserine formulation on cognitive performance of healthy adults with self-perceived memory problems. Neurol Ther. 2023;12(3):777-94.

196. Chaung HC, Chang CD, Chen PH, Chang CJ, Liu SH, Chen CC. Docosahexaenoic acid and phosphatidylserine improve the antioxidant activities in vitro and in vivo and cognitive functions of the developing brain. Food Chem. 2013;138:342-7.

197. Nishizuka Y. Turnover of inositol phospholipids and signal transduction. Science. 1984;225:1365-70.

198. Suzuki S, Yamatoya H, Sakai M, Kataoka A, Furushiro M, Kudo S. Oral administration of soybean lecithin transphosphatidylated phosphatidylserine improves memory impairment in aged rats. J Nutr. 2001;131:2951-6.

199. Heiss WD, Kessler J, Mielke R, Szelies B, Herholz K. Long-term effects of phosphatidylserine, pyritinol, and cognitive training in Alzheimer's disease. A neuropsychological, EEG, and PET investigation. Dementia. 1994;5:88-98.

200. Klinkhammer P, Szelies B, Heiss WD. Effect of phosphatidylserine on cerebral glucose metabolism in Alzheimer's disease. Dementia. 1990;1:197-201.

201. Ministry of Food and Drug Safety, Republic of Korea. Monograph (Phosphatidylserine). 2025.

202. Fernandes J, Arida RM, Gomez-Pinilla F. Physical exercise as an epigenetic modulator of brain plasticity and cognition. Neurosci Biobehav Rev. 2017;80:443-56.

203. Schmolesky MT, Webb DL, Hansen RA. The effects of aerobic exercise intensity and duration on levels of brain-derived neurotrophic factor in healthy men. J Sports Sci Med. 2013;12(3):502-11.

204. Tokuda H, Ito M, Sueyasu T, Sasaki H, Morita S, Kaneda Y, et al. Effects of combining exercise with long-chain polyunsaturated fatty acid supplementation on cognitive function in the elderly: A randomized controlled trial. Sci Rep. 2020;10(1):12906.

Note